Hanns U. Christen   Weinparadies Oberrhein…

Hanns U. Christen

Weinparadies Oberrhein...

Ein kritischer und unabhängiger Führer
zu den Weinen der drei Länder am Rheinknie

Fotos von André Muelhaupt

Zum Geleit

Dass es Weine gibt, die zum Weinen sind, weiss niemand besser als Hanns U. Christen alias -sten, der Verfasser dieses önologischen Vademecums. Während Jahren hat er die künstliche Versüssung der Markgräfler Weine angeprangert und scharf verurteilt. Mit Erfolg; denn sonst müsste er heute, statt das Weinparadies Oberrhein preisen zu dürfen, den Winzern die Hölle heiss machen. Nun sitzt der grenzüberschreitende Weinselige aber auf dem Trokkenen. Mit anderen Worten: er kann mit Fug und Recht den bodenständigen Charakter der unverfälschten, trockenen Weine der Region besingen vom spritzigen Riehener Schlipfer, über den süffigen Oberdörfer – ja, auch dort gedeiht noch die Rebe an sonnigen Hängen – bis zum Elsässer Riesling und dem badischen Spätburgunder. -stens Weinfibel befasst sich mit der Geschichte des Rebbaus, den Traubensorten, der Vinifikation und der Etikettierung. Mit wissenschaftlicher Akribie, wie man es bei -sten gewohnt ist, wird hier anschauliche Weinkunde betrieben von einem unanfechtbaren Kenner und erprobten Degustator.
Wir freuen uns, den Lesern dieses Neujahrsbüchleins den oberrheinischen Labetrunk kredenzen zu dürfen, und rufen Ihnen ein herzhaftes Prosit zu.

Heinrich Kuhn

Eine unabdingbare Eigenschaft guter Weine von heute ist Fehlerfreiheit. Sie lässt sich nur durch höchste Sauberkeit im Keller erreichen. Weinpressen aus früheren Zeiten dienen fast nur noch als nostalgische Zier – so wie diese im Markgräfler Winzerort Haltingen.

Liebe Leser,

Weinfreunde am Oberrhein sind vom Geschick ungemein begünstigt. Hier treffen nicht nur drei Staaten zusammen (was nicht immer ohne Probleme war...). Es treffen sich hier auch drei verschiedene Weinkulturen. In keiner anderen Gegend der Welt ist das der Fall. Die Nachbarschaft von drei unterschiedlichen Weingebieten reizt den Weinfreund dazu, ihre Weine kennenzulernen und sich mit ihnen anzufreunden. Soweit, liebe Leser, die Theorie. Nun kommt die Praxis...

Es ist leider so, dass diese begnadete Vielfalt zahlreichen Weinfreunden unbekannt bleibt. Warum?

Zum Teil rührt das daher, dass die Einfuhr von Weissweinen in die Schweiz sehr streng kontingentiert ist, so dass man die meisten Weissweine aus dem Elsass und aus Südbaden bei uns gar nicht bekommt. Andererseits gibt's aber auch Weinfreunde, die bei einem Besuch in den Nachbarländern auf Weine stossen, die nicht zu den besten gehören, und das schreckt sie vor weiteren Versuchen ab. Und drittens – aber da möchte ich Ihnen eine kleine Geschichte erzählen.

Während ich dieses Büchlein schrieb, bekam ich eine Postkarte, unfrankiert und ohne Absender. Der mutige Schreiber hatte in einem meiner Artikel etwas über Weine aus dem berühmten Elsässer Winzerstädtlein Riquewihr gelesen, und das hatte ihm missfallen. Er schrieb (ich zitierte wörtlich und in seiner Schreibweise): «Himmelschtärne, wa verzellsch Du do für en Seich! Ha doch gmäänt du verschtöndisch öppes vum Wi! En Dezaley oder en Aigle isch dänn emene Wyli vu Reichsweiher immer noch vorzziehe!»

 Es ist mir nicht bekannt, ob es in freier Wildbahn so einen Dialekt gibt, und wenn ja: wo? Ein Basler hat die Karte jedenfalls nicht geschrieben. Ein richtiger Weinfreund aber auch nicht. Richtige Weinfreunde sind nämlich nicht auf einen Wein festgefahren, oder auf ihrer zwei. Nein: sie probieren auch andere Weine, degustieren sie kritisch, schätzen ihre Meriten, erkennen ihre Fehler, machen sich mit ihren Eigenheiten und mit dem Charakter der Traubensorten bekannt und mit anderen Methoden der Weinbereitung. Kurz: sie sind keine Gewohnheitstiere, die blind für anderes nur immer im Kreis um das Gewohnte herumlaufen. Nein: sie sind offen für die unendliche Vielfalt der Weine.

Solchen richtigen Weinfreunden möchte dieses Büchlein helfen, die drei Weinregionen am Oberrhein näher kennenzulernen und einiges Wichtiges über ihre Traubensorten und Weinstile zu erfahren. Es möchte ein Schlüssel sein zum Weinparadies am Oberrhein, das vor ihren Augen liegt und so leicht zu öffnen ist...

Hanns U. Christen

Weinparadies Oberrhein

Die Landschaft am Rheinknie, das Dreyeckland, bietet alle Gaben der Natur, die für die Kultur der Rebe wichtig sind – und das in bester Qualität. Reben wuchsen hier schon in Urzeiten, als Höhlenbären, Nashörner und anderes seltsames Getier ihre einzigen Geniesser waren. Erst zur Zeit Caesars, um die Mitte des ersten Jahrhunderts vor Christi Geburt, scheint der Wein in die Region gekommen zu sein – als Importware vom Mittelmeer her. Das ist nicht verwunderlich. Roms Soldaten hatten Anrecht auf eine tägliche Weinration, und die musste mangels lokaler Produktion zu ihren Garnisonen am Oberrhein nachgeschoben werden. Die frühesten Spuren eigenen Rebbaus stammen erst aus dem dritten Jahrhundert nach Christus. Sie fanden sich auf einem Rebberg bei der Aescher Klus, wo heute Andreas Koellreuter seine Weinhänge pflegt.

Dokumentarische Beweise für den Rebbau auf Schweizer Boden liegen seit dem Jahr 751 vor und betreffen das Areal des heutigen Wenkenhofs bei Riehen (wo seit ein paar Jahren Heiner Marksteiner in seinem Garten Gutedel für den Hausgebrauch anbaut). Schon 150 Jahre später wurden im Gebiet des heutigen Baselland insgesamt 89 Ortschaften mit eigenen Reben gezählt. Aber auch mitten in der Stadt Basel wuchs Wein. Auf dem Merianplan sind in fast jedem der Gärtlein, die damals hinter den Häusern der Stadt lagen, Rebstöcke eingezeichnet. Von diesen Rebstöcken, vor 300 Jahren kartographisch festgehalten, lebte noch vor 30 Jahren einer hinter einem Haus an der oberen Freien Strasse. In Riehen war einst ein Zehntel der landwirtschaftlich nutzbaren Fläche mit Reben bestückt, insgesamt 70 Hektar, auf denen vorwiegend weisse Weine wuchsen. Vermutlich Elbling, die schon von den Römern angepflanzte «vitis alba», die leichten, säurebetonten Wein gibt, wie man ihn früher liebte, weil man nahezu straflos grosse Mengen von ihm trinken konnte. Wein war ja das übliche Getränk nicht nur zum Zechen, sondern auch zur Mahlzeit. Nicht viel anders war's im späteren Markgräflerland. Kurz nach dem Tod Kaiser Karls des Grossen, der ein Förderer des Weinbaus in allen seinen Landen war, baute man schon in 40 Dörfern Reben an. Der meiste Wein aus diesem Bereich wurde an Ort und Stelle getrunken oder als Hauswein nach Basel geliefert. Bessere Qualitäten fanden später den Weg bis tief in die Schweiz, deren Klöster ja eigenes Rebland in unserem Gebiet besassen. Von besonderer Güte war schon damals der Wein aus dem Elsass. Er galt in der ganzen Schweiz als vornehmes Getränk und wurde in mühsamem Landtransport herbeigeholt. Die guten Beziehungen Schweizer Städte zu den besten Lagen im Elsass bestanden nicht nur der Weine wegen. Zürich war mit Kietzheim seelisch verbunden, das eine den Zürcher Stadtheiligen Felix und Regula geweihte Kapelle besitzt. Luzern war sogar eine Gründung des Elsässer Klosters Murbach bei Guebwiller. Grosse Mengen Elsässer Weine wurden per Schiff rheinabwärts verfrachtet und gelangten nach England. Dort hiessen sie «Osey», was eine Verballhornung des Wortes «Alsace» ist. Die Weinbeziehungen zu den britischen Inseln nahmen erst ein Ende, als im 17. Jahrhundert dort Weine aus Frankreich, mit dem England ständig im Krieg lag, sehr hoch besteuert wurden. Von da an trank man die billigeren Weissweine vom Rhein, die bald einen eigenen Kosenamen bekamen: Hock. Eine Kurzfassung des Rheingauer Ortsnamens Hochheim. Später revanchierte sich Hochheim, indem es seinen besten Weinhang nach der britischen Regentin benannte: Königin-Victoria-Berg.

Vom grossen Pionier des Elsässer Weinbaus in unserem Jahrhundert, Jean Hugel in Riquewihr, stammt der leider nur zu wahre Satz: Das Elsass ist ein

Vor 300 Jahren, als dieser Merian-Plan der Stadt Basel entstand, wuchsen Reben nicht nur bis dicht an die Stadtmauern heran, sondern wurden auch in vielen kleinen Gärten in der Stadt angebaut. Noch heute gibt es Rebstöcke aus dieser Zeit in Basel.

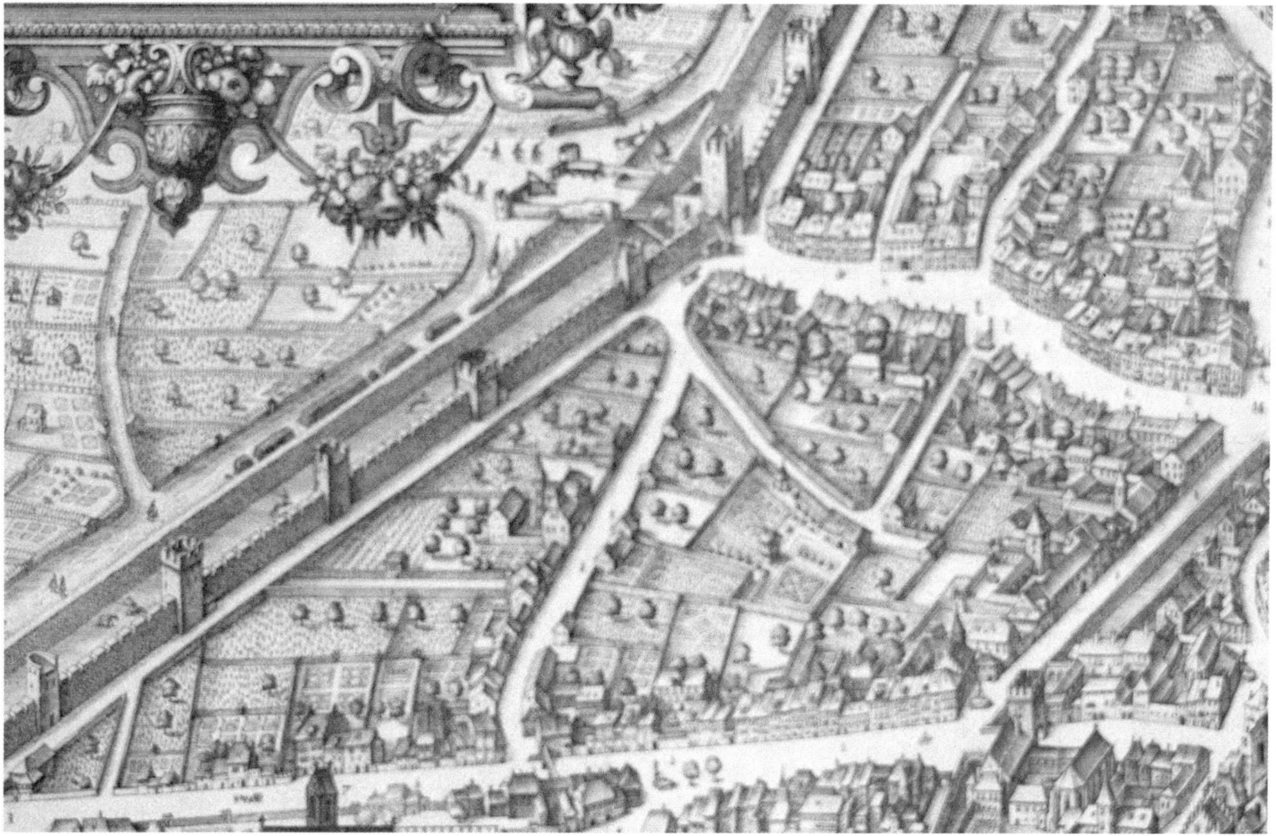

11

Land, in dem gute Weine wachsen und Kriege geführt werden. Der Dreissigjährige Krieg, der 1648 endlich zu Ende ging, verwüstete das Elsass fast völlig, und gegenüber im heutigen Baden war es nicht viel anders. Schweizer aus den notorischen Armutsgebieten unseres Landes wanderten damals ins menschenleere Elsass aus – man sieht's noch immer an den Schweizer Namen vieler Elsässer Familien. Ein anderer Krieg, der Preussisch-Französische von 1870–71, der das vorher über 200 Jahre lang französische Elsass zu einem deutschen Reichsland machte, leitete dort eine Weinkatastrophe ein. Nicht nur wurden die Reben durch echten und falschen Mehltau und später durch die Reblaus weitgehend vernichtet. Die Elsässer Weinbauern wurden auch gezwungen, Weine von minderer Qualität zu erzeugen, die keine Konkurrenz für die deutschen Weissweine waren. Erst nach Ende des Ersten Weltkriegs, 1920, brachten es weitsichtige Elsässer Winzer zustande, den Anbau von Massenware auf Qualitätsweine umzustellen. Einer der wichtigsten von ihnen war Jean Hugel in Riquewihr.

Das Markgräflerland hatte im 18. Jahrhundert das grosse Glück, einen bewundernswerten Landesherrn zu haben: Markgraf Karl Friedrich. Während andere Fürsten vor allem ihre Bauern aussogen und das Geld für ihre Mätressen ausgaben, baute er die vom Krieg ruinierte Landwirtschaft wieder auf und widmete sich der Verbesserung des Weinbaus. Auf schlechten Lagen verbot er den Anbau von Reben, er schickte Winzer zur Ausbildung in beste Weinregionen, auch nach Frankreich, und führte etwas für damals Revolutionäres ein: den reinen Satz. Bisher hatte man Reben ohne Rücksicht auf die Sorten oder auch nur die Farbe durcheinander angepflanzt. Nun wurden sie nach Sorten getrennt angebaut.

Dennoch unterschied man noch 1872, als in Müllheim der erste Weinmarkt stattfand, die Weine nur nach Jahrgängen und nach der Farbe: weiss oder rot.

Nicht nach Rebsorten. Auch auf die Güte des Weines achtete man damals noch längst nicht genügend. Der älteste Wein auf diesem Markt war bereits 70 Jahre alt; angesichts der ungeeigneten Reben und der unsauberen Technik, die üblich waren, muss er ein fürchterlich verdorbenes Gesöff gewesen sein. Arg war die wirtschaftliche Lage der Markgräfler Weinbauern in dieser Zeit. Neben den Rebkrankheiten spürten sie die starke Konkurrenz billiger Massenweine aus der Pfalz und die unmenschlichen Geschäftsmethoden der Weinhändler-Mafia. Einen Ausweg aus der Misere boten Winzergenossenschaften, deren erste anno 1881 vom Pfarrer-Schriftsteller Heinrich Hansjakob in Hagnau am Bodensee gegründet wurde. In Südbaden entstand die erste im Jahr 1908 in Schliengen. Heute sind Winzergenossenschaften im Markgräflerland die wichtigsten Produzenten und Vermarkter, aber da sie ihre Weine auch nach Norddeutschland verkaufen wollen und müssen, haben sie Rücksichten auf den dortigen Weingeschmack zu nehmen. Die selbständigen Erzeuger und Vermarkter hingegen können ihre Weine so keltern, wie es ihnen selber und ihren meist sehr anspruchsvollen Kunden gefällt, so dass sie für Weinfreunde interessanter sind.

Im schweizerischen Teil des Oberrheindreiecks liegen die Verhältnisse noch anders. Hier wirkten nicht nur die Rebschädlinge verheerend auf den Rebbau. Es kam dazu, dass bessere Verkehrsverbindungen, vor allem die Eisenbahn, den Import interessanterer und billigerer Weine erleichterten. Zugleich nahm die Industrialisierung immer mehr zu, die neue Verdienstmöglichkeiten schuf. Die Umstellung der Kulturen auf viel weniger arbeitsintensive Produkte wie Obst, Gemüse, Kartoffeln liess viele Reben verschwinden. Dazu kam eine Eigenschaft der Reben: sie wuchsen dort am besten, wo das schönste Bauland für Villen lag. Immer mehr Rebhänge wurden deshalb überbaut. Auch die Trinkgewohnheiten änderten sich. Bier wurde besser, haltbarer und beliebter.

Alkoholfreie Getränke kamen auf, vor allem auch aus Mineralquellen der Region, und wurden wesentlich billiger als zuvor. Eine wichtige Rolle spielte dabei Hermann Müller in Wädenswil. Er entwickelte, obschon Weinfachmann, neue Methoden zur Herstellung von haltbaren süssen Mosten aus Trauben und Obst und schuf dadurch gesunde, aber den Weinabsatz schädigende Konkurrenzprodukte. Es kam so weit, dass der Rebbau im Baselland, der bei der Kantonsgründung noch 860 Hektar bedeckte, hundert Jahre später auf weniger als ein Zehntel zurückgegangen war. Im Jahre 1960 standen im Baselland nur noch 50 Hektar Boden unter Reben. Das war etwas mehr als die Hälfte dessen, was noch hundert Jahre zuvor allein im inzwischen baselstädtischen Riehen angepflanzt war!
Es sah eine Zeitlang so aus, als würde der Weinbau im Basler Teil der Nordwestschweiz immer weiter zurückgehen. Man sah nicht mehr weissen oder roten Wein – man sah vorwiegend für den Wein schwarz...

Eine Region – aber drei Weinstile!

Viel Gemeinsames haben die drei Länder unserer Region, aber auch manches, das von Land zu Land anders ist. Darunter die Weine. Die Unterschiede in Weindingen machen es so unterhaltsam für den Weinfreund, sich mit den Weinen des Elsass, des Markgräflerlandes und der Schweizer Grenzecke zu befassen.
Das Weinbaugebiet des Elsass beginnt bei Thann und zieht sich 110 km weit nach Norden bis in die Gegend von Marlenheim auf der Höhe von Strasbourg. Seine rund 12 500 Hektar Rebland werden von über 9000 Winzern bewirtschaftet. Sie produzieren im durchschnittlichen Jahr um die 110 Millionen Liter Wein, davon die weitaus überwiegende Mehrheit Weissweine. Da die Weinhänge und -felder am Vogesenfuss liegen, längs der «Route du Vin», ist die Distanz von Basel bis zum nächsten Rebberg ansehnlich: 40 Kilometer. In Basels Nähe wird nur noch sehr wenig Wein angebaut – man kann die Mengen oft gar nicht mehr in Hektolitern angeben, so wenig ist's.
Der Vogesenfuss gibt für den Rebbau nicht nur gute Böden, sondern auch ein besonderes Klima. In der Umgebung von Colmar, wo Weine von hoher Güte wachsen, sind Regenmenge und Temperaturen ähnlich wie bei Perpignan im Midi! Das Klima der Vogesen kennt aber kühle Nächte, die zumal für weisse Trauben wichtig sind, weil niedrigere Temperaturen verhindern, dass die zarten Duftstoffe der Trauben verdunsten. Das gibt den Elsässer Weinen ihr erfreulich kräftiges Bouquet. Auch Zucker bildet sich in den Trauben genug – aber trotzdem wird der Most vielfach mit Rübenzucker-Zugaben «verbessert», damit der Wein dann mehr Alkohol enthält. Das ist eine Konzession an Kunden, die stärkere Weine verlangen, als die Natur sie gibt. Man nennt dieses

Verfahren «Chaptalisation». Es ist vom Gesetz erlaubt, sofern es mit Mass angewandt wird.
Grosse Bedeutung misst man im Elsass der Harmonie der Weine bei. Dazu gehört auch eine genügend hohe Säure. Der «biologische Säureabbau», der sie verringert, wird in der Schweiz bei allen Weissweinen routinemässig durchgeführt. Er besteht daraus, dass im Wein Bakterien eine seiner Säuren, die Apfelsäure, in eine wenigere aggressive Säureart umbauen: in Milchsäure. Der Säureabbau macht die Weine milder, aber er gibt ihnen einen veränderten Goût. Im Elsass wird der biologische Säureabbau nach Möglichkeit verhindert, um diesen fremden Geschmack vom Wein fernzuhalten. Im Elsass liebt man auch keine Süsse im Wein, weshalb er meist voll durchgegoren wird, damit kein Zuckerrest mehr übrig bleibt. Ausnahmen gibt's nur bei Spätlese (Vendage Tardive) und bei Weinen aus überreifen Trauben mit Edelfäule (Sélection de Grains Nobles), deren Most oft mehr eigenen Zucker enthält, als die Hefe überhaupt ganz vergären kann. Elsässer Weine sind normalerweise nicht nur «trocken», sondern oft sogar «brut», aber ihre Harmonie lässt sie dennoch nicht sauer erscheinen. Sie sind deshalb ausgezeichnete Begleiter zum Essen.
Eine Eigenheit der Elsässer Weinkultur: auf den Etiketten der Flaschen ist am grössten der Name der Rebsorte aufgedruckt. Wesentlich kleiner stehen darauf die Namen der Produzenten, der Jahrgang und der Ort. Eine Ausnahme bilden die «Grands Crus», von denen wir noch sprechen werden. Sieben Rebsorten sind im Elsass üblich, wovon nur eine rote: Pinot Noir. Die weissen heissen, in aufsteigender Folge: Sylvaner, Pinot Blanc, Riesling, Muscat, Pinot Gris, Gewürztraminer. Die letzten vier gelten als Edelsorten.
Elsässer Weissweine gehören zu den besten der Welt, aber die Welt weiss das erst seit dem Ende des Zweiten Weltkriegs, als der Weinbau im Elsass neu

Der Mann, der den Elsässer Schaumwein «Crémant d'Alsace» weltberühmt machte: Pierre Hussherr, Leiter der Cave Vinicole in Eguisheim. Weit über drei Millionen Flaschen jährlich tragen ihren Namen «Wolfberger». Die Cave Vinicole in Eguisheim wird von Tausenden von Weinfreunden besucht, die man gastfreundlich empfängt.

erstehen wollte. Dazu musste man Elsässer Weine weltweit bekanntmachen. Einige Produzenten hatten sich schon kurz nach 1920 auf den Export, auch nach Übersee, verlegt. Die meisten anderen mussten sich Beziehungen nun erst schaffen. Es ist das grosse Verdienst des Maire von Eguisheim, Léon Beyer, dass er diese Kontakte mit den wichtigsten potentiellen Abnehmern anbahnte. Er stammt aus einer Winzerfamilie, die schon seit 1580 im Weinbau tätig ist und die Tradition stets vom Vater auf den Sohn vererbt. Sein Werben für Elsässer Weine, seine eigenen inbegriffen, war ungemein erfolgreich – dank seinem vollen Einsatz. Bald gehörte es zur Pflicht jedes guten Restaurants, Elsässer Weine zu führen.

Ein Nachteil der Benennung der Weine nach Traubensorten besteht darin: man weiss auf den ersten Blick nicht, ob ein sehr guter, ein normaler oder ein eher mittelmässiger Wein in der Flasche ist. Um das herauszufinden, muss man nachsehen, wer ihn produzierte. Der Ruf und der Name der Erzeuger sind im Elsass wichtige Kriterien bei der Weinwahl. Es gibt Betriebe, die sich besonderer Beliebtheit erfreuen. Zu ihnen gehören Schlumberger in Guebwiller, Léon Beyer in Eguisheim, Josmeyer und Zind-Humbrecht in Wintzenheim, Madame Colette Faller in Kaysersberg, Trimbach in Ribeauvillé, Hugel Frères in Riquewihr – um nur die prominentesten zu nennen. Um einen Begriff von der Grösse des Weinangebotes im Elsass zu geben, möchte ich das Beispiel des Städtleins Eguisheim anführen, etwa 2000 Einwohner gross. Seine 35 selbständigen Winzer und seine Genossenschaft bieten jedes Jahr 250 verschiedene neue Weine an! Es ist im Elsass viel einfacher, die paar eher mediokren Produzenten aufzuzählen als die vielen guten…

Die hohe Weinkultur im Elsass mit dem sortenreinen Ausbau der sieben verschiedenen Traubenarten ist übrigens noch gar nicht alt. Noch um 1900 teilte man die Elsässer Weine ein in «Edle» und «Nicht edle» und hielt den Edelzwik-

ker, gemacht aus einem Gemisch verschiedener Sorten, für den besten Wein. Zur selben Zeit entstand in Riquewihr in den Kellern des Hauses Dopff au Moulin eine neue Spezialität: Elsässer Schaumwein. Ein halbes Jahrhundert lang blieb er eine Kuriosität, die in ein paar tausend Flaschen pro Jahr gehandelt wurde. Dann nahm sich ein initiativer Mann des Schaumweins an: Pierre Hussherr, der junge Leiter der grössten Elsässer Winzergenossenschaft, der Cave Vinicole in Eguisheim. Er machte die Kuriosität zum Welterfolg. Heute werden Millionen Flaschen des inzwischen «Crémant» getauften Schaumweins produziert und verkauft. Die Cave Vinicole in Eguisheim ist 1902 gegründet worden und war die erste Genossenschaft im Land. Die meisten anderen Genossenschaften entstanden erst nach 1945, unter dem Druck der Nöte der Nachkriegszeit. Erstaunlich ist auch, dass die Appellation d'Origine Contrôlée (AOC) erst 1962 aufs Elsass ausgedehnt wurde.
Eine weitere Elsässer Spezialität existiert seit 1975. Zuvor gab es nur eine Handvoll Elsässer Weine, die nicht nach der Rebsorte, sondern nach ihrer Lage benannt wurden – aus Tradition. Zu ihnen gehörten der Thanner «Rangen», der «Kaefferkopf» von Ammerschwihr, der Bergheimer «Kantzlerberg», der «Sporen» von Riquewihr und ein paar andere. Im Jahr 1975 aber wurde die Bezeichnung «Grand Cru d'Alsace» für erst 30, inzwischen 50 Weine aus besonders guten Lagen geschaffen. Gestattet für sie sind nur die vier Rebsorten Riesling, Muscat, Gewürztraminer und Pinot Gris. Die ersten beiden müssen im frisch geernteten, unveränderten Most so viel eigenen Zucker besitzen, dass er beim Vergären 10 Grad Alkohol ergibt. Die beiden anderen müssen sogar Zucker für 11 Grad Alkohol aufweisen. Jedes Chaptalisieren ist untersagt, und der Ertrag darf 70 Hektoliter pro Hektar nicht übersteigen. Alle Grands Crus müssen die Angabe des Jahrgangs tragen und aus dem streng begrenzten Rebberg ihres Namens stammen. Der Haken an der Sache ist

aber: die Kontrolle des Ertrags ist nicht streng genug. Auch beim Grand Cru kommt's auf den Produzenten an und nicht nur auf den Namen der Lage! Über die Grands Crus informiert ein Büchlein namens «Le Guide des Grands Crus d'Alsace», das vom Centre d'Information du Vin d'Alsace, F–68113 Colmar CEDEX, herausgegeben wurde und ausgezeichnet gemacht ist, mit Plänen, Kartenausschnitten der Lagen und guten Bildern.

Der Weinbau in Deutschland zeichnet sich durch alle Komplikationen aus, die seine grosse Ausdehnung von Norden bis Süden mit sich bringt. Er beginnt am «Polarkreis des Weines», in der Nähe von Bonn, noch weit nördlicher als die allerletzten Weinberge der Champagne gelegen. Seine südlichen Grenzen erreichen das Nordostufer des Bodensees.
Das bedeutet eine Nord-Süd-Erstreckung von fast drei Breitengraden, vom rauhen Norden bis zum heissen Süden, wo Feigen reifen. Auch die Unterschiede der Böden sind enorm – und ebenso die des Geschmacks. Die Nordgrenze des deutschen Weinbaus liegt in einer Bier-Schnaps-Gegend, die Südgrenze in einem Weinland. Das macht die Situation des deutschen Weinbaus in vielerlei Hinsicht schwer. Im Markgräflerland herrschen dem gegenüber geradezu ideale Verhältnisse. Es ist zwar nicht, wie das eine Reiseschriftstellerin namens Ursula Binder-Hagelstange einmal behauptete, die «Toscana der Bundesrepublik» – dazu fehlt ihm vieles, und andererseits hat es zuviel, nämlich Wasser. Es geniesst aber Sonne und gute Rebböden, die an die 3000 Hektar reichen und grösstenteils im Nebenberuf bebaut werden – eine Zahl von selbständigen Winzern hohen Ranges ausgenommen. Rund vier Fünftel der Trauben werden von Winzer-Genossenschaften vinifiziert und vermarktet, wovon allein eine mehr als die Hälfte unter ihren Fittichen hat. Genossenschaften haben die Pflicht, Weine herzustellen, die auch Bier-Schnaps-Trin-

Auf über 100 Kilometern wachsen am Fuss der Vogesen im Elsass Weinreben. Über vielen dieser Weinberge zeugen Ruinen mittelalterlicher Burgen von der bewegten Vergangenheit des Elsässer Landes. Die mit Reben bepflanzte Fläche im Elsass ist ziemlich genau gleich gross wie die der Rebberge der ganzen Schweiz.

kern munden. Das schränkt ihre Qualitäten nach oben ein und lässt sie in mittleren und unteren Güteklassen stark sein. Von ihnen Spitzenweine zu erwarten, heisst ihren Charakter verkennen. Dennoch gibt es Winzergenossenschaften, denen sehr gute Weine gelingen; es kommt auch dort auf die Persönlichkeit an, die sie leiten. Eine von ihnen ist die WG Haltingen bei Weil.
Etiketten deutscher Weine sind nicht leicht zu lesen. Was auf ihnen stehen muss, was auf ihnen stehen kann und was auf ihnen keinesfalls stehen darf, ist eine Wissenschaft für sich. Nicht ohne gute Gründe widmet jedes Buch über Deutschlands Weine ein ganzes Kapitel der Etiketten-Kunde. Für den juristisch weniger interessierten Weinfreund ist ein Hinweis wichtig: wenn auf einer Etikette steht «Qualitätswein», so bedeutet das keineswegs, dass in der Flasche ein Spitzenwein sein muss. Es bedeutet nur: dieser Wein gehört nicht zu den 5 Prozent Tafelweinen Deutschlands, sondern zu den 95 Prozent Qualitätsweinen. Ihre Güte erstreckt sich über ein sehr breites Band, von weit unten bis weit oben, wenn's um den Geschmack geht. Es kommt sogar vor, dass Winzer von grossem Ruf – etwa der Keller Franz in Oberbergen am Kaiserstuhl – einen ausgezeichneten Wein nur mit «Tafelwein» bezeichnen. Der Grund: sie haben ihn aus einer nicht erlaubten Traubensorte gekeltert, weshalb er bei der nur auf die Norm festgelegten amtlichen Prüfung durchfallen würde, oder sie haben ihn in der Barrique ausgebaut, wodurch er einen ihm zwar manchmal wohlbekommenden Holzton erhält, aber ebensowenig die Billigung der amtlichen Amtsprüfer fände. Solche Weine, obschon nicht «Qualitätsweine» im Sinne des Gesetzes, können sehr gute Tropfen sein und hohe Preise haben. Es ist da ähnlich wie in Italien, wo es «Vini da Tavola» von höchster Qualität und entsprechend hohem Preis gibt.
Auf den Etiketten der Markgräfler Weinflaschen steht immer sehr gross die Lage gedruckt, wo sie herkommen. Etwas kleiner ist die Traubensorte angege-

ben, ferner die Qualitätsstufe, die gemäss Weingesetz dem Inhalt zusteht, und dann noch einiges andere. Der Erzeuger ist in recht kleiner Schrift ganz zu unterst genannt – aber er ist eigentlich das Wichtigste auf der ganzen Etikette!
Das Markgräflerland teilt sich weintechnisch in drei Grosslagen, deren Grösse aber nicht die Qualität betrifft, sondern die räumliche Ausdehnung des Produktionsgebietes. Sie heissen, von Süden nach Norden: Vogtei Rötteln, Burg Neuenfels und Lorettoberg. Die Grosslagen sind wiederum in Einzellagen aufgeteilt, deren das Markgräflerland insgesamt 48 besitzt. Die südlichste bedeutende Einzellage ist der Weiler Schlipf. Auf ihr wächst ein ausgezeichneter Blauburgunder, den die Familie Hans, Claus und Susanne Schneider in Weil bereiten. Frau Susanne steht zuletzt, weil sie die Jüngste ist; sie ist eine ausgezeichnete Önologin und stammt aus der Haltinger Winzerfamilie Hagin, der wichtigsten, die dort selbständig Weine vermarktet. Ein anderer bemerkenswerter Produzent ist Gerhard Frick in Binzen mit guten Nobling- und Gutedelweinen. In Istein fällt Alber Soder im «Schlossgut» auf, der sich sogar an Riesling gewagt hat. Es ist interessant, seinen Riesling mit einem aus dem Elsass zu vergleichen – man erkennt dabei, welch gewaltige Unterschiede im Weincharakter die paar Kilometer Distanz vom Isteiner Klotz bis zu den Vogesen hervorbringen.
Noch vor zehn Jahren war es gar nicht so einfach, im Markgräflerland Weine zu bekommen, die nicht süsslich schmeckten. Nahezu zwanzig Jahre lang wogte auch dort die süsse Weinwelle, die Deutschland überschwemmt hatte. Eine Zeitlang waren knapp fünf Prozent der deutschen Weine nicht mit zugesetztem süssem Traubenmost oder durch vorzeitig abgebrochene Gärung verlieblicht – die anderen 95 Prozent erinnerten mehr oder weniger peinlich an limonadeähnliche Getränke. Damals bildete sich in Freiburg im Breisgau ein kleiner Kreis von bedeutenden Persönlichkeiten, die sich gegen diese Verge-

waltigung guter Weine einsetzten. Ihr geistiges Zentrum war der Richter Hansjörg Spitznagel. Zum harten Kern dieser Gruppe gehörten auch Weinfreunde aus dem Markgräflerland, dem nahen Schwarzwald und dem Wiesental. Sie nannten sich «Die Weingrünen». In der Fachsprache der Kellermeister bedeutet «weingrün machen» das Ausputzen eines neuen Holzfasses mit dem Zweck, störende Stoffe zu entfernen, die den Geschmack des Weines verfremden. Die «Weingrünen» sind damals allen Winzern mit Wort und Tat zu Hilfe gekommen, die nicht auf der Süsswelle mitschwimmen wollten und richtige, durchgegorene, ungesüsste Weine machten. Zu ihnen gehörten Vater und Sohn Hermann Dörflinger in Müllheim, Emil Marget in Hügelheim, die Kellerei des Marienheims in Bamlach und andere, unter ihnen auch Albert Soder. Die «Weingrünen» bekamen eine unerwartete, aber wirksame Schützenhilfe aus Basel. In der damaligen «National-Zeitung» schrieb ich Artikel gegen die Vermischung guter Weine mit Süssmost, die recht angriffig und böse geschrieben waren. In der deutschen Presse hätten sie zu dieser Zeit nicht erscheinen können, denn die Macht der Weinlobby war viel zu gross, und die Journalisten waren nicht Vorbilder von Heldenmut. Auf die «National-Zeitung» versuchte die Lobby natürlich sehr rasch Druck auszuüben, aber sie kam nicht zum Zug. Was in der «NZ» stand, wurde in Deutschland überall nachgedruckt, wenn auch mit Verfälschungen und mit bissigen Kommentaren, aber es stand in deutschen Zeitungen und konnte deutsche Leser erreichen. Das Ergebnis war: manche von ihnen wandten sich vom gesüssten Wein ab und tranken ungesüsste Weine – aus dem Elsass... Die Affäre liess Blicke in die Weinlobby zu. Einer der Hauptschuldigen der Süssung badischer Weine, damals in Breisach tätig, kam einmal nach Basel, verlieh einem Basler Importeur den Badischen Weinorden und bezeichnete dabei die Pantschung der Weine, die er selber befürwortete und durchgeführt hatte, mit «süsslicher Verfälschung».

Dicht am Fuss der Rebberge liegen die meisten Weindörfer im Markgräflerland. Fischingen ist ein Beispiel. Oft findet man in den Kirchen dieser Orte Fresken aus gotischer Zeit. Der Verdacht besteht, dass wandernde Maler dort ihre Zechschulden beglichen, indem sie die Kirchen ausmalten …

Auch Heuchler müssen sterben, sagt das Sprichwort... Inzwischen hat sich die «süsse Welle» abgeflacht. Am Weinmarkt 1990 in Müllheim waren bereits zwei Drittel der angelieferten Weinproben ganz oder fast ganz durchgegoren und nicht gesüsst! Es zeigte sich da wohl der Einfluss der jungen Winzer, die inzwischen nachgewachsen waren – teilweise Söhne von süssigkeitsbelasteten Vätern. Im Katalog waren diese Weine mit «trocken» bezeichnet – aber die noch vorhandenen süsslichen Weine standen als «normale Weine» im Katalog. Normal sind im Markgräflerland aber trockene Weine, und süssliche sind anormal...

Weitere Winzer, die sich durch Qualität auszeichnen, sind in Müllheim auch Hans Engler und H. Germann. Dazu kommen im ganzen Gebiet sicher nicht wenige andere, die ich noch nicht kennenlernte. Fast alle Weinproduzenten haben gemütliche Probierstuben ausgebaut, wo sie interessierte Gäste zu einem Probeschluck und zu Weingesprächen empfangen. Sie verfügen auch über solide Kartons, in denen man die Flaschen, die man kauft, gut geschützt mitnehmen kann. Ein Sonderfall ist Hermann Huck in Efringen-Kirchen. Er serviert in seinem Gasthof «Rebstock» zu bodenständiger Markgräfler Küche Weine aus eigenen Rebbergen, darunter saubere, leichte Fassweine. Wenn man bei ihm einen Schweinsbrägel mit Grumbeerensalat bestellt, kann es durchaus sein, dass seine Tochter Heidi beides zubereitet – sie hat ihre Kochlehre in der Küche des Basler Fünfstern-Hotels «Euler» gemacht.

Gemäss einem nicht übertrieben intelligenten Werbespruch ist der badische Wein «von der Sonne verwöhnt». Zum Glück geniessen seine Reben nicht nur Sonne, sondern auch kühle Tage, die für die Bildung der Aromastoffe wichtig sind, und zudem wachsen sie auf Böden, die sich für die angepflanzten Rebsorten gut eignen. Im Markgräflerland ist die Hauptsorte der Gutedel. Er wird nirgends sonst in Deutschland angebaut. Man bereitet weisse Weine im Mark-

gräflerland ausschliesslich ohne biologischen Säureabbau. Sie erhalten sich dadurch über Jahre frisch und süffig und erreichen manchmal eine erstaunliche Haltbarkeit. Vater Hermann Dörflinger hat mir einmal einen Gutedel aus einem Vorkriegsjahrgang kredenzt, der die Kriegszeit und die Jahre der Besetzung im Keller eingemauert überstanden hatte. Er war in den frühen achtziger Jahren zwar kein Jüngling mehr, aber durchaus mit Genuss zu trinken. Mit Säureabbau wäre der gleiche Wein nach diesen fünfzig Jahren eine schauderhafte, dunkelbraune, stinkende Brühe geworden.
Da der biologische Säureabbau in der Markgrafschaft als Fehler gilt und vermieden wird, duften die Weissweine dort anders, als Schweizer Weinfreunde es von Weinen vor allem aus dem Waadtland gewöhnt sind, die ja auch aus Gutedel-Trauben (Chasselas) gekeltert werden. Auch fehlt ihnen die prikkelnde Kohlensäure, die Westschweizer Weisse so reizvoll macht. Dazu haben Markgräfler Weisse eine gute Eigenschaft: sie sind oft weniger reich an Alkohol. Das kommt den heutigen Trinkgewohnheiten entgegen. Sobald sie mindestens die Stufe «Qualitätswein mit Prädikat» erreicht haben, dürfen sie nicht mehr durch Chaptalisieren mit Alkohol angereichert werden. Es gibt aber Winzer, die höheren Alkoholgehalt dadurch erreichen, dass sie die Trauben länger am Stock reifen lassen. Dadurch nimmt die Konzentration des Zuckers in den Beeren zu, was bei der Gärung mehr Alkohol ergibt. Leider nimmt aber gleichzeitig der Gehalt an wichtigen Säuren ab. Resultat: die Weine werden plump, bei manchen Sorten geradzu unangenehm vollschlank, und sie verlieren zugleich an Duft. Man sagt dann von ihnen: sie haben die Öchsle-Krankheit. Das ist keine Viehseuche, sondern ein zu hoher Zuckergehalt der Trauben, der ja in Öchsle-Graden gemessen wird. Manche Konsumenten schätzen aber auch solche eher entgleisten Weine.
 In letzter Zeit kommt im Markgräflerland eine neue Krankheit auf: die Barri-

Der «harte Kern» der Vereinigung badischer Freunde unverfälschter Weine, der «Weingrünen», bei einer Degustation des neuen Weines im Zustand «Federweiss». V.l.n.r.: Hansjörg Spitznagel und seine Frau Christiane (Freiburg), Franz Keller (Oberbergen/Kaiserstuhl), Heinz und Ursula Baumgartner (Vogelbach). Das Wirken der «Weingrünen» hat viel dazu beigetragen, die Unsitte der künstlichen Süssung badischer Weine wenigstens teilweise zu beenden.

quomanie. Eine Barrique ist ein Fässlein aus Eichenholz von 225 Litern Inhalt, das im Bordelais traditionell verwendet wird, um Weine in ihr zur richtigen Reife zu bringen. Auch in Italien wird die Barrique gern dazu verwendet, charaktervollen Weinen eine zusätzliche Reifung und einen gewissen Giggs zu geben, der ihnen oft gut bekommt. Nun meinen aber auch badische Winzer manchmal, sie könnten aus ihren Weinen mit Hilfe der Barrique-Reifung edlere Tropfen machen. Das erweist sich fast immer als Irrtum. Es gibt nur sehr wenige Markgräfler Weine, vor allem rote, die den Ausbau in der Barrique nicht nur vertragen, sondern durch ihn auch gewinnen. Die meisten der manchmal hochgespielten Barrique-Weine schmecken wesentlich weniger gut, als wenn sie nie eine Barrique gesehen hätten. Die Barriquomanie ist ein Erkrankung nicht der Weine, sondern der Winzer. Man heilt sie am besten dadurch, dass man solche Weine nicht trinkt. Das bringt die Barriquomanie nach einiger Zeit zum Verschwinden.

Entwicklungen im Verhalten der Menschen pflegen in Wellenbewegungen vor sich zu gehen. Auf ein Tief folgt meistens wieder ein Hoch. So war's auch mit dem Wein in der Basler Grenzregion der Schweiz. Noch in den sechziger Jahren sah es ungut aus. Dann aber kam ein Umschwung. Immer mehr Leute fanden Freude am Wein. Das kam sicher zu einem Teil daher, dass sie den ersten Nachholbedarf der Nachkriegsjahre verzehrt hatten und sich einer Küche mit höheren Ansprüchen zuwandten. Führende Zeitungen, in Basel die «National-Zeitung», schrieben häufig über Kulinarisches und veröffentlichten regelmässig Rezepte, in denen nicht Halbfertiges angerührt und/oder der Inhalt von Konservenbüchsen «verfeinert» wurde – nein: es wurde nun modern, von Grund auf, Gutes zuzubereiten. Dazu gehörte natürlich auch Wein – als Zutat und als Getränk. Wein wurde ein Gesprächsthema.

Dazu kamen die Auswirkungen der Tätigkeit einzelner Idealisten unter den Produzenten der Region. Ein paar Namen traten hervor: in der Aescher Klus Andreas Koellreuter und Kurt Nussbaumer, in Ueken im Fricktal Emil Engeli und Bruno Fehr. Das waren die bekanntesten. Die Freude am Weinbau und an seiner Belebung griff auf Gemeinden über. Bisher brachliegendes Rebland wurde neu bepflanzt, durch Einzelne, aber auch durch Vereine. In den Gemeinden rings um Basel gab's wieder eigenen Wein – neu angepflanzt oder aus vergrösserten Rebfeldern. In Reinach wurde zwischen Wohnhäusern Wein kultiviert – anno 1986 wies die Gemeinde 60 Aren Rebland auf, und nicht weit davon entfernt, in Aesch, lag die grösste Anbaufläche des Baselbieter Weins mit über 17 Hektar. Im Laufental und im Fricktal, im Solothurnischen ebenso, erstand der Weinbau neu. Sogar in Basel-Stadt nahm er zu. Er war auf knapp einen Hektar abgesunken, in Riehen auf dem Schlipf. Dann gelang es Fritz Bachmann, die Gemeinde davon zu überzeugen, dass sie als älteste verbürgte Rebgemeinde wieder einen eigenen Rebberg anlegen sollte. Es dauerte 18 Jahre, bis Riehen sich überzeugen liess. Im Jahre 1986 aber konnte die Gemeinde stolz melden: wir haben wieder 2,73 Hektar Wein! In Riehen entstand auch, im Hause, wo 300 Jahre zuvor der Weinbergbesitzer Rudolf Wettstein gewohnt hatte, ein charmantes Rebbaumuseum – mitsamt Stägefässli. Der Riechemer Wein wächst übrigens auf dem Schlipf, so dass «e Schlipfer» für das zartere Geschlecht in der Gemeinde Riehen zwei ganz verschiedene Bedeutungen hat...

Das zunehmende Interesse der Öffentlichkeit an ernsthafter Weininformation fiel dem Leiter des Freizeit-Centers Coop Basel ACV auf, dem selber abstinenten Max Neuner. Er fügte ins Programm der Veranstaltungen ein Weinseminar ein – es war sofort ausverkauft und wurde ein bleibender Erfolg. Heute sind schon hundert (100!) dieser Seminarien zu vier Abenden abgelaufen, in denen

ohne kommerzielle Absichten solide Weinkenntnisse vermittelt werden. Rund 10000 Personen nahmen bisher an den Seminarien teil – fünf Prozent der Bevölkerung Basels! Auch in der Presse nahm das Interesse zu. Artikel über Wein waren bisher fast immer entweder Begleittexte zu Inseraten gewesen, Meldungen über «Jahrhundertweine», Weinpolitik oder Katastrophen in Weinbergen – oder anspruchsloses Blabla. Nun erschienen immer mehr selbständige, kritische und vor allem seriös fundierte Beiträge von Leuten, die von Wein etwas verstanden, als wichtige Leserinformation in der Zeitung.
Die Aufklärung über Weine hatte eine gute Nebenwirkung: sie führte weg vom gedankenlosen Weinkonsum und hin zum zurückhaltenden, bewussten Genuss oder Degustieren. Man merkt das auch an der Basler Wymäss, die jeden Herbst in der Mustermesse stattfindet. Trotz des Angebots von Hunderten von Weinen, die gratis zum Probieren ausgeschenkt werden, sieht man dort so gut wie nie einen Angetrunkenen. Sehr zum Unterschied von Weinfesten und Weinmärkten anderswo...
Wie sehr die Freude am Weinbau in der Basler Region der Nordschweiz zugenommen hat, zeigt eine Aktion, die der Wirt Walter Hug im Gasthof Engel in Mariastein ins Leben rief. Um dem zunehmenden Interesse an Weinen aus dem Baselland, dem Leimental, dem nahen Aargau und dem Solothurnischen entgegenzukommen, suchte er bei Produzenten selbst kleinster Mengen insgesamt 134 Weine der Region zusammen, von denen er 125 im Restaurant anbietet, und das zu Preisen um 20 Franken pro 7-dl-Flasche. Kurt Nussbaumer, der für viele Hobbywinzer der Gegend die Weine sehr sorgfältig und individuell keltert, veranstaltet jedes Jahr eine kritische Degustation des neuen Jahrgangs, wobei er neben den Produzenten auch erfahrene Fachleute zuzieht und zu Wort kommen lässt. Manche Gemeinden führen schon selber Degustationen ihrer eigenen Weine durch. Das Interesse an Weinen der Bas-

ler Region ist in wenigen Jahren stark angestiegen und wird noch zunehmen. Es mag manchen erstaunen, dass die Winzer im Baselland zu den fortschrittlichsten der Schweiz wurden, weil sie auf Methoden zurückgriffen, die früher üblich, inzwischen aber als veraltet verlassen worden waren. Nämlich auf die Begrünung der Rebberge. Lange hatte man die Zwischenräume zwischen den Rebstöcken so sauber gehalten wie den Parkettboden einer fleissigen Hausfrau. Jedes Pflänzlein wurde ausgerissen, jeder Grashalm entfernt, bis nur noch der nackte Erdboden zu sehen war.
Als man Reben sehr dicht beieinander pflanzte, hatte das einen Sinn gehabt, denn die Vegetation am Boden hielt Feuchtigkeit fest, die wegen des Daches aus Rebenblättern nicht verdunsten konnte und oft zum Faulen der Trauben führte. Noch früher hatte man indessen zwischen den Rebstöcken allerlei kleine Nutzpflanzen angebaut und den Boden damit besser ausgenützt. Auf die Qualität des Weines kam's nicht sehr an – der wurde getrunken, gleich wie er schmeckte.
In neuer Zeit aber pflanzt man Reben mit grösseren Abständen, und der nackte Boden liegt ungeschützt von Blättern. Jeder Regen schwemmte kostbaren Humus zu Tal, die Humusschicht wurde dünner und dünner, trocknete sehr rasch völlig aus und liess Regenwasser abfliessen, statt es aufzusaugen und festzuhalten. Das bedeutete: der Boden in den Reben wurde immer schlechter und musste stark gedüngt werden – und das wiederum schadete der Qualität der Weine. Auf den Rat von Biologen begann man vor etwa zehn Jahren, es wieder so zu machen wie zu Urzeiten: man liess nicht nur das natürlich wachsende Grün zwischen den Rebstöcken stehen, sondern pflanzte in den Weglein sogar Pflanzen an, die mit dichtem Wurzelwerk den Boden verankern, den Reben Stickstoff zuführen und erst noch Lebensraum für Nützling bieten, die schädliche Insekten, Spinnen, Würmer und derglei-

Im Rebbaumuseum, das zum gepflegten Riehener Dorfmuseum im Wettsteinhaus gehört, sind Gerätschaften zusammengekommen, die noch zur Zeit unserer Grosseltern im Gebrauch standen. Ein mit viel Liebe und Kenntnis erarbeitetes und anregend geschriebenes Büchlein von Dominik Wunderlin ist im Museum zu haben und berichtet über Riehens Rebbau früher und heute.

chen vertilgen. Kaum noch gibt's Rebberge im Baselland, die nicht ganz oder mindestens teilweise neu begrünt sind. Das erleichtert auch den Hobbywinzern die Arbeit – sie haben weniger zu tun.
Im Gegensatz zu den Weinregionen der Westschweiz, wo noch immer gegen grosse Erträge der Reben (und entsprechend weniger Qualität in der Flasche…) angekämpft werden muss, beschränkt sich Baselland und die angrenzenden Weingebiete auf bescheidene Erträge. Kurt Nussbaumer hält eine Flasche von 0,7 Litern Inhalt pro Quadratmeter für die obere Grenze des Verantwortbaren. Der durchschnittliche Ertrag im Baselland liegt aber wesentlich tiefer. Beim Riesling x Sylvaner, der recht üppig trägt, liegt er etwas unter diesen 7 Dezilitern, beim Pinot Noir beträgt er knapp mehr als einen halben Liter. Im Burgund, wo der Ertrag zwecks Qualitätssteigerung begrenzt wurde, erntet man nicht viel weniger. Kein Wunder, dass die Weine des Baselland so begehrt sind! Absatzprobleme treten überhaupt nicht auf. Im Gegenteil: die meisten Produzenten könnten mehr Wein verkaufen. Die bepflanzte Rebfläche wächst denn auch langsam, aber stetig wieder an. Von den 50 Hektar, die sie vor 30 Jahren umfasste, ist sie bereits auf 78 Hektar emporgeklommen, und das bei zunehmender Qualität der Weine.
Ein Blick auf die Weinkarten der Wirtshäuser im Baselland und im nahen Aargau erweckt den Eindruck, dass nur drei Rebsorten kultiviert würden: Blauburgunder (Pinot Noir), Riesling x Sylvaner und Gutedel. Dabei bildet Liestal eine Grenze. Oberhalb überwiegt Blauburgunder, unterhalb machen die Weissweine den Hauptteil der Produktion aus. Der Eindruck täuscht aber. Die Statistik der angebauten Sorten gibt ein völlig anderes Bild. Sie zeigt zwar, dass Blauburgunder über 64 Prozent ausmacht, Riesling x Sylvaner 21 Prozent und Gutedel 7,5 Prozent. Es finden sich aber noch weitere sieben Sorten verzeichnet, die von 0,1 bis 1,4 Prozent der Rebfläche einnehmen. Dazu kommen

verschiedene Rebsorten, die nur versuchsweise angepflantzt werden, weil man sie auf ihre Eignung für die Landschäftler Rebberge prüfen will.
Eine von ihnen ist eine interessante Kreuzung, die noch keinen Namen hat. Sie besteht aus Gamay, den man mit Reichensteiner vermählte, einer recht bemerkenswerten Rebe, die sogar in England auf 50 Hektar Boden wohlschmeckende weisse Weine gibt. Ihr Name hat nichts mit dem Schloss Reichenstein bei Arlesheim zu tun; Taufpate ist ein gleichnamiges Schloss am Mittelrhein. Reichensteiner ist selber eine Kreuzung aus Müller-Thurgau, italienischen Calabreser-Reben (die als Canaiolo Nero im Chianti angebaut werden und rote Weine geben) und der französischen Sorte Madeleine Angevine, die ihrerseits wieder eine Kreuzung ist. Man sieht: ein rechtes Durcheinander im Stammbaum! Das mag zuerst als eher ungut empfunden werden. Nun ist es aber mit Reben so: im Laufe der Jahrhunderte haben sich ja auch unsere berühmten Edelsorten aus allerlei zufällig entstandenen Kreuzungen früherer Sorten entwickelt. Es kann gegen bewusst gezüchtete Kreuzungen also im Prinzip nichts eingewendet werden – vorausgesetzt sie erfüllen ihren Zweck und geben gute Weine.
Das ist aber just bei der Gamay-Reichensteiner-Ehe der Fall. Ihr kräftiger roter Wein weicht im Geschmack und im Duft stark von den üblichen drei Schweizer Rotweinsorten Pinot Noir, Gamay und Merlot ab. Er ähnelt den Weinen von Gigondas an den Côtes-du-Rhône bei Orange, hat Fülle und ein prächtiges Aroma von Brombeeren. Das Aroma kann je nach Boden anders herauskommen. Ich habe ihn in der Vorderen Klus probiert, wo der Wein auf 2500 Quadratmetern kultiviert wird.
Das wirft die Frage auf: wenn man schon eine weitere Rotweinsorte in der Schweiz heimisch machen will – warum nimmt man nicht eine, die im Ausland bewährt ist? Hansjörg Spitznagel, grosser Weinkenner in Freiburg im

Breisgau, empfahl den in Württemberg heimischen Lemberger, was eine andere Bezeichnung des in Österreich beliebten Blaufränkisch ist. Warum jedoch einen Wein kultivieren und neu einführen, den es in Nachbarländern schon gibt? Warum nicht einen eigenen entwickeln? Schliesslich wurde der Riesling x Sylvaner ja auch in der Schweiz geboren und erstmals in grösserer Menge angepflanzt, bevor er in Deutschland zum Erfolgswein wurde.

Das Baselland hat aber noch eine weitere Spezialität zu bieten. Als vor einem Jahrhundert die von Amerika eingeschleppte Reblaus den europäischen Edelreben den Garaus machte, bemerkte man, dass amerikanische Reben von der Art Vitis Labrusca gegen die Reblaus-Zerstörung immun sind. Aus ihren Trauben kann man leider nur Weine mit dem bekannten «Fuchston» der Tessiner Americani-Weine bereiten, der penetrant nach dem duftet, was Katzen beziehungsweise Kater als Visitenkarte hinterlassen. Man kreuzte daher Amerikanerreben mit europäischen Sorten und erhielt reblausfeste Reben, deren Weine zwar weniger an den Katzenduft erinnern, jedoch nicht dem europäischen Bedürfnis nach vornehmen Weinen entsprachen.

Diese Kreuzungen bekamen den Namen Hybriden. Was man aus ihnen keltern kann, sind robuste, rustikale Weine. Auch alkoholfreie Traubensäfte lassen sich aus ihnen bereiten. Als allzu primitive Reben wurden die Hybriden in den meisten Kantonen der Schweiz nicht nur bald verboten, sondern sogar zwangsweise ausgerissen. Auch im Baselbiet – aber nicht für lange. Still und heimlich pflanzte man dort wieder Hybriden an, vor allem in Pratteln, und machte aus ihnen mit sehr viel Sorgfalt und Liebe eine interessante, kräftige Art Rotwein, wie es sie sonst in dieser Geschmacksrichtung fast nur in Portugal gibt. Heute sind im Baselland bereits 2,4 Prozent der Gesamtrebfläche mit Hybriden (weissen und roten) bepflanzt, was gleichviel ist wie die Areale von Gewürztraminer, Pinot Gris (Ruländer), Nobling und Räuschling zusammen!

Maisprach ist heute, der Rebfläche nach, die drittgrösste Weingemeinde des Baselbiets. Seine Rebhänge umfassen 8 Hektaren – nicht viel, verglichen mit den über 18 Hektaren der grössten Rebgemeinde Aesch. Dennoch ist Maisprach eine grosse Weingemeinde, nämlich an der Qualität der Weine gemessen. Nur zwei Traubensorten werden in Maisprach angebaut: 90% Blauburgunder, 10% Riesling × Sylvaner. Die Maispracher Rotweine gehören zu den besten der ganzen Schweiz.

Bruno Fehr und Emil Engeli sind von Hobbywinzern zu führenden Weinmachern der Nordwestschweiz geworden. In ihrem technisch bestens eingerichteten Betrieb in Ueken keltern sie auch Weine für andere Winzer. Ihr Wintergarten, ein heimeliges Probierlokal, wurde zum Treffpunkt von Weinfreunden von nah und fern.

Der Landschäftler Rebbauinspektor Ernst Schläpfer versucht sogar, den Hybriden-Anteil noch zu erhöhen, indem er den Winzern diese Traubensorten herzhaft empfiehlt. Zu ihnen gehört eine mit dem Namen Maréchal Foch, zu Ehren des Oberkommandierenden der alliierten Armeen im Westen im Jahre 1918 so genannt – eine sehr süsse, aroma- und tanninreiche Traube mit rotem Saft, von der im badischen Haltingen ein einziger Stock wächst – er gehört der Vinothek von Frau R. E. Möller und wird im ganzen Dorf bestaunt.

Man wird sich also daran gewöhnen müssen, aus dem Kanton Baselland einiges an Überraschungen auf dem Weingebiet zu erleben. Übrigens bestehen auch Tendenzen, die Rebsorte Elbling wieder einzuführen. Sie war noch vor 150 Jahren die hauptsächliche Weissweinrebe, wurde dann aber durch den Gutedel und später durch den Riesling x Sylvaner verdrängt. Elbling-Trauben geben einen frischen, leichten, durstlöschenden und nicht sehr alkoholreichen Wein und stehen in Luxemburg in allgemeiner Gunst. Im deutschen Weingebiet Obermosel wird Elbling auch als Grundwein für Sekt sehr geschätzt. Ob man ihn bald wieder im Baselland bekommt?

In Arlesheim, das früher ein eigentliches Winzerdorf war und heute vor allem wegen seines «Steinbrüchler» berühmt ist, gibt es übrigens eine weitere Landschäftler Kuriosität: einen echten Biowinzer. Er ist der letzte Winzer in Arlesheim, das noch vor hundert Jahren so viel Rebgelände besass wie heute der ganze Kanton Baselland. Werner Kilcher, so heisst er, bewirtschaftet das Hofgut mit dem schönen Elsässer Namen Andlauerhof, der an das Städtlein Andlau im Unterelsass erinnert, den Sitz der vom Comte Roland d'Andlau präsidierten Confrérie des Hospitaliers. Werner Kilcher ist ein weitherum bekannter Reiter, hat sich bereits 1960 mit dem Gedankengut des biologischen Landbaus befasst und betreut auch 1,8 Hektar Rebland – von Hand, ohne künstlichen Dünger, ohne Insektizide und andere verbreitete Chemika-

lien, mit sauberster Arbeit im Keller und unter Verzicht auf Jahrgangsverschnitt und andere sonst übliche Praktiken. Seine Weine, von geringem Ertrag, werden ihrer hohen Güte wegen geschätzt – aber man bekommt sie überhaupt nur in Arlesheim. Eine ganze Reihe weiterer Winzer von ausgeprägter Eigenart und mit eigenen Ideen leben im Baselland. Einige von ihnen finden sich porträtiert in einem anregenden, vielseitigen Büchlein, das «Baselbieter Trüübel» heisst und im GS-Verlag erschienen ist.
Zu den sehr bemerkenswerten Weinmachern (im besten Sinn des Wortes!) gehören im Fricktal auf Aargauer Boden die beiden unternehmungslustigen Winzer Emil Engeli und Bruno Fehr, wohnhaft in Ueken. Ihr Werdegang ist geradezu ein Exempel für Hobbywinzer, die es zu Bedeutung und Erfolg bringen möchten. Emil Engeli und Bruno Fehr lernten sich kennen, weil sie beide Motorrad fuhren. Emil war Metallkonstrukteur, Bruno Chemiker. Irgendwann bekamen sie Freude am Wein und fassten den Entschluss, selber Reben anzubauen und Wein zu produzieren. Ihr Lebenslauf als Winzer begann mit einem winzigen Stücklein Land und 8000 Franken Kapital. Man sollte ein Buch über ihn schreiben, so ausgefallen ist er. Heute gehören sie zu den bedeutendsten Weinproduzenten des Landes, vor allem der Qualität ihrer Weine wegen, und zu den mutigen Pionieren auf Schweizerboden. In der Aescher Klus gibt es übrigens eine ausgezeichnete Möglichkeit, die Rebsorten der Region in natura kennenzulernen: den Weinlehrpfad. Er wurde von der Weinbaugenossenschaft Aesch angelegt, ist leicht begehbar und zeigt auf 17 Tafeln jeweils am passenden Ort auf, was man von den Reben und ihren Weinen wissen sollte. Ein weiteres Bijou ist der kleine Rebgarten vor dem Restaurant Nussbaumer, wo von jeder erdenklichen Rebsorte je ein paar Stöcke wachsen und studiert werden können. Man kann vor allem in Ruhe die Blattformen unterscheiden lernen, die das wichtigste Merkmal der vielfältigen Reben sind.

In Wintersingens Rebhängen herrschen ganz spezielle geologische Verhältnisse, die sie zum Anbau von Blauburgunder in hohem Masse prädestinieren. Kein Wunder, dass auf den 678 Aren Rebland nur 32 Aren mit Riesling × Sylvaner bepflanzt sind. Der rote Wintersinger zeichnet sich durch eine erstaunliche Rasse aus, verbunden mit einer samtigen Struktur, die ihn in den Bereich grosser Burgunderweine rückt. In Wintersingen werden übrigens auch die zu neuen Ehren kommenden Hybriden angepflanzt, wenn auch erst in kleinen Mengen. Weinfreunde sind gespannt auf das Resultat!

Die Weine der schweizerischen Grenzecke werden so hergestellt, wie der Schweizer Weinfreund sie liebt: mit dem biologischen Säureabbau, der sie milder macht. Beim Blauburgunder, dem Rotwein der Region, ist der Abbau durchaus am Platz, denn es bleiben genügend viel Säure und Gerbstoff zurück, um ihn charaktervoll werden zu lassen. Anders bei den Weissweinen. Der Säureabbau nimmt ihnen einen Teil ihrer Frische, den sie schon der Traubensorten wegen nicht verlieren sollten. Gutedel und Riesling × Sylvaner sind Weine mit eher zartem Duft und Geschmack, und diese guten Eigenschaften benötigen ein gewisses Mass von Säure, die sie stützt und zum Ausdruck bringt. Fehlt diese Säure auch nur teilweise, so werden sie flach und allzu sanft. Grössere Betriebe müssen natürlich Rücksicht nehmen auf den allgemein verbreiteten Schweizer Weingeschmack, der lieber einen zu flachen als einen angenehm säuerlichen Wein haben möchte, und können daher auf den Säureabbau nicht verzichten. Heimlich, still und leise haben aber bedeutende Firmen in Wallis damit begonnen, den Säureabbau nur noch teilweise durchzuführen, und ihre Weine steigen dadurch um einiges an Qualität. Bei uns haben sich erst wenige mutige Winzer daran gewagt, Weine mit weniger oder gar keinem biologischen Säureabbau zu keltern. An Degustationen fallen sie dadurch auf, dass sie besser schmecken als die anderen – aber eingefleischte Trinker milder Waadtländer vermissen an ihnen etwas. Nämlich den Rivella-Goût…

Um Weine von Hobbywinzern und Kleinbetrieben kennenzulernen, die fast nur für den Eigenkonsum produzieren, müsste man sie zu Hause besuchen und ihnen Proben entlocken. Das stösst verständlicherweise auf Schwierigkeiten, schon weil man die Adressen nicht kennt. Es gab da früher eine sympathische Einrichtung, solche Weine in der richtigen Atmosphäre zu degustieren: die Strausswirtschaften. Sie gehen auf Kaiser Karl den Grossen zurück, der vor

Eine Auswahl von Weinen der Winzer der unteren Baselbieter Region: Landskrönler Pinot Gris (Peter Nussbaumer, Flüh), Landskrönler Riesling × Sylvaner (Kurt Nussbaumer, Aesch), Benkener Blauburgunder (Weinbaugenossenschaft Biel-Benken), Leimentaler und Ettinger Riesling × Sylvaner (Urban Thüring, Ettingen), Kluser Federweisser (Kurt Nussbaumer, Aesch), Kluser Burgeweg Gutedel (Weinbaugenossenschaft Aesch), Kluser Crémant Rosé (Kurt Nussbaumer, Aesch), Schalberger Blauburgunder (A. Koellreuther, Aesch), Tschäpperli Blauburgunder (Fam. von Blarer, Aesch), Arlesheimer Steinbrüchler Blauburgunder (Gemeinde Arlesheim), Arlesheimer Schloss Birseck (Werner Kilcher, Arlesheim), Dornacher Blauburgunder (A. Koellreuther, Aesch), Arlesheimer Blauburgunder (Josef Leuthardt, Arlesheim).

1200 Jahren den Winzern das Recht einräumte, ihre Weine im eigenen Haus auszuschenken und den zahlenden Gästen eine Kleinigkeit zum Essen vorzusetzen. Im Markgräflerland sind diese Strausswirtschaften wieder auferstanden. Es gibt sogar schon einen Guide, in dem sie mitsamt ihren Öffnungszeiten eingetragen sind. In der Schweiz stehen vorderhand noch gesetzliche Bestimmungen der Einrichtung von Strausswirtschaften im Wege. Darf man hoffen, dass sich das in nächster Zeit ändern wird? Natürlich dürfen Strausswirtschaften keine Konkurrenz zum Gastgewerbe werden, das ohnehin schon mit vielen Schwierigkeiten zu kämpfen hat. Sie könnten aber ein wirkungsvoller Anreiz zur Belebung des Rebbaus in unserer Gegend sein und deren Attraktivität vergrössern. Ein Augenschein jenseits der Grenze im Badischen kann den zuständigen Behörden zeigen, wie man so etwas mit Vernunft und ohne Überborden macht. Für die Strausswirtschaften in Südbaden gibt es bereits einen kleinen Führer. Er heisst sehr sinnig «Straussen-Führer» und nennt unter dem Motto «Wo's Sträussle hängt, wird ausgeschenkt» die Winzerwirtschaften, die mit einem Strauss oder einem Besen gekennzeichnet sind und im Jahr während höchstens vier Monaten auf maximal 40 Plätzen eigene Weine und kleine Gerichte zu sehr zivilen Preisen anbieten. Auf Schweizer Boden kenne ich in der Region vorderhand erst eine einzige Strausswirtschaft, nämlich die von Andreas Koellreuter im Klushof bei Aesch, wo's zu den eigenen Weinen aber nur Brot, Speck und Käse geben darf.

Wer kennt die Sorten alle?

Tausende von Traubensorten gibt's, aus denen Wein gekeltert wird. Die allermeisten sind nur dort bekannt, wo sie einst entstanden und heute noch in oft nur bescheidenen Mengen wachsen. Ein paar von ihnen schenken aber so vorzügliche Weine, dass deren Ruf gross und ihr Preis hoch ist. Ein Beispiel aus Italien: Picolit im Friaul. Ein anderes Beispiel aus dem Elsass: der Klevner von Heiligenberg. Er wächst bei Barr und ist überhaupt kein Klevner, sondern wird aus der Savagnin-Traube bereitet, die es nirgendwo sonst im Elsass gibt. Aus der unermesslichen Zahl von Traubensorten haben es ein paar zu hoher Prominenz gebracht, weil ihre Weine sehr vielen Leuten ausgezeichnet schmecken. Zu ihnen gehören auch die Sorten, die am Oberrhein angebaut werden. Die meisten geben weisse Weine. Für Rotweine verlässt man sich auf eine einzige Sorte: den blauen Burgunder, auch Pinot Noir genannt.
Alle Rebsorten der Region bringen charakteristische Weine hervor, und jede von ihnen sieht anders aus. Man kann sie in freier Natur kennenlernen – richtige Jahreszeit vorausgesetzt. Hier und dort wurden «Weinlehrpfade» angelegt, bequeme Wege durch Weinberge, vorbei an Feldern mit den verschiedenen Sorten. Überall sind Tafeln angebracht, auf denen die Reben, vor allem ihre Blätter, genau abgebildet und im Text beschrieben wurden. Ein solcher Weinpfad windet sich durch die Rebhänge bei Auggen im Markgräflerland. Ein anderer, der «Sentier Viticole», führt durch die Grand-Cru-Lagen von Eguisheim im Elsass. Seine Erklärungen sind zweisprachig. Dort gehen die Winzer, die ihn anlegten, noch weiter. An geeigneten Tagen führen sie Besucher selber durch die Reben. Das gibt Gelegenheit, Produzenten kennenzulernen, wie Bruno Sorg und Bernard Gaschy, Charles Baur und Robert Dreyer, Ber-

nard Gruss und Albert Hertz, Luc Beyer und Paul Ginglinger, Luc Schneider und Michel Schoepfer. Das sind ein paar von ihnen. Sie sind alle dreisprachig. Mit Schweizer Besuchern reden sie am liebsten Elsässerdeutsch. Wenn sie Zeit haben, setzen sie nachher die Führung in ihren Weinkellern fort und erklären Technik und Kunst der Weinbereitung. Dazu bekommt jeder Besucher ein Weinglas in die Hand gedrückt, denn zur Weinkenntnis gehört ja auch die Erfahrung von Duft und Geschmack. Es gibt noch eine andere Möglichkeit, die Weine des Elsass und des Markgräflerlandes zusammen kennenzulernen: als einzige in der Region führt die Weinfachfrau Raki E. Möller in ihrer Vinothek in D–7858 Haltingen kommentierte, vergleichende Degustationen durch. Man lernt bei ihr in kurzer Zeit sehr viel über die Weine, die am Oberrhein gedeihen.

Vorhin fiel das Wort «Weinglas». Das bringt uns zu einem wichtigen Thema. Es ist nämlich durchaus nicht gleichgültig, aus welcher Art Glas man welchen Wein trinkt. Schon längst hat man festgestellt, dass die verschiedenen Weinsorten jeweils andere Gläser benötigen, damit sie ihre Eigenschaften am besten entfalten können – sowohl die Farbe, als auch Duft und Geschmack. So entstanden im Laufe der Zeit unvorstellbar viele Glasformen, die oft recht abenteuerlich aussahen. Erst in der letzten Zeit ist man den Zusammenhängen zwischen Glasform, Glassorte, Glasdicke einerseits, den physiologischen Gegebenheiten von Zunge, Gaumen und Nase andrerseits auf die Spur gekommen. Der Mann, der die wichtigsten Forschungen trieb und zugleich die Resultate als Glasmacher in die Praxis umsetzte, ist Professor Claus Riedel in Kufstein. Seine Gläser sind bisher die besten für richtigen Weingenuss.

In unserer Region wird weisser Wein oft noch aus traditionellen Gläsern getrunken, die durchaus geeignet sind, wenn man den Wein als Begleiter zu einer währschaften Mahlzeit oder zum Gespräch trinken möchte. Für die

Römer, das traditionelle Glas für badische Fassweine und Literqualitäten.

Rheinweinglas, aus dem im Elsass die einfacheren Weissweine, aber auch Riesling und Pinot noir gut munden, jedoch ihre vollen Qualitäten nicht entfalten können.

Weissweinglas für die Spitzenweissweine der Region, vom gepflegten Gutedel und Nobling über die grossen Elsässer Weissweine bis zum rosenduftenden Gewürztraminer. Dieses Glas lässt Aroma und Geschmack besonders deutlich erkennen und geniessen.

Rotweinglas, speziell geeignet für die meist fruchtigen Roten der Region. Beim Trinken führt seine Form den Wein zu jenen Teilen der Zunge, die für seine Eigenheiten besonders empfindlich sind.

Champagnerglas, entwickelt für die teuersten Schaumweine der Champagne, aber ebenso zweckmässig für die schäumenden Weine der Region Oberrhein. Aus diesem Glas getrunken, füllen sie nicht den Mund mit Schaum, sondern zeigen Charme und Duft ihrer Grundweine.

Baden
1989
VIN D'ALSACE
Dreyer
RIESLING
1988
CRÉMANT
CRÉMANT D'ALSACE
PRINCE ALBERT

Weissen aller drei Gebiete eignet sich das «Rheinweinglas». Es besitzt einen langen, dünnen Stiel mit einem soliden Fuss, oft grün gefärbt, und eine farblose, seerosenförmige Schale. Man füllt sie nur zur Hälfte. Im Badischen werden Weisse und Rote vielfach aus einem «Römer» getrunken, der eine grössere Schale und einen ziemlich dicken, gerillten Fuss besitzt und eine lange Tradition hat. Beide Gläser lassen jedoch die Finessen der Weissweine nicht gut erkennen. Wer sich an denen erfreuen und den vollen Genuss auskosten möchte, wählt besser das Riesling-Glas aus der Serie «Vinum» von Claus Riedel, das die Aromen der Weissen besonders gut hervortreten lässt. Für die Rotweine der Region eignet sich seltsamerweise das Chardonnay-Glas der «Vinum»-Serie am besten, obschon es ursprünglich für kräftige Weissweine bestimmt wurde. Die schäumenden Weine jedoch geniesst man nur dann richtig, wenn man sie aus einer klassischen «Flûte», einem eigentlichen Champagner-Glas, trinkt. Alle Schalen, Spitzgläser und dergleichen Phantasieformen sind für unsere Schaumweine tödlich. Claus Riedel hat für Schaumweine ein ganz hervorragendes Glas entwickelt, das als «Jahrgangs-Champagner» in seiner Gläserreihe «Sommelier» enthalten ist. Alle diese Gläser sind in Basler Spezialgeschäften zu haben. Jenseits der Grenze findet man sie in der Vinothek Möller in Haltingen. Sie sind nicht billig, aber sie kosten nicht mehr als irgendwelche Phantasiegläser, die zwar schön aussehen, jedoch längst nicht den vollen Genuss bieten, wie das Riedels Gläser tun.

Gut, edel und uralt

«Das kannten schon die alten Römer!» pflegt man zu sagen, wenn man andeuten will, dass irgend etwas sehr alt ist. Für die Traubensorte, die heute Gutedel heisst, sind die alten Römer aber überhaupt kein Massstab. Als die Stadt Rom gegründet wurde, im Jahre 753 vor Christi Geburt, kannte man den Gutedel bereits seit mehr als 2000 Jahren. Vor 5000 Jahren schon wurden Gutedel-Reben in Königsgräbern in Oberägypten sehr naturalistisch, und deshalb erkennbar, an die Wand gemalt. Sie wurden damals zumindest in der Oase, die heute El Fayum heisst, in grösserem Ausmass angepflanzt. Fachleute haben herausgefunden, dass Gutedel schon vor 10000 Jahren bei Jericho wuchs, und Fachleuten muss man glauben, falls man ihnen nicht Gegenteiliges beweisen kann. Der Gutedel sei, so heisst es, die älteste als Kultur angepflanzte Rebsorte.

In unseren Gegenden ist Gutedel freilich viel jünger. Sein Name taucht hier erst anno 1621 auf, aber schon zwei Jahre zuvor hatte der Basler Botaniker Caspar Bauhin der Traube auch einen anderen Namen gegeben, den sie heute noch trägt: Fendant. Bauhin besass einen botanischen Garten in Montbéliard, das damals zu Württemberg gehörte und den deutschen Namen Mömpelgard trug, wo man aber auch Französisch sprach. Das Wort «Fendant» kommt von Verbum «fendre», das soviel bedeutet wie «aufplatzen, zerspringen» und eine Eigenschaft des Gutedels beschreibt: die Haut seiner Beeren ist so dünn und zart, dass sie bei leichtem Druck bereits zerplatzt. Das macht die Gutedel-Trauben zu beliebtesten Tafelfrüchten: als fast einzige Traubensorte besitzt sie keine dicke Haut, die den Geniesser beim Essen stört. Diese Eigenschaft gab ihr auch einen zweiten deutschen Namen: Chrachmost. Was die wörtliche

In Bettingen ging der Rebbau fast völlig verloren. Seit wenigen Jahren aber gibt's ein Stücklein Gutedel-Weinberg, in dem Heiner Marksteiner mit viel Liebe, Experimentierfreude, Weinverstand und eigener Arbeit seine Reben betreut. Er winifiziert sie im eigenen Keller und bringt einen echten Gutedelduft zustande, den er nicht durch biologischen Säureabbau des Weines beeinträchtigt.

Als Nachfolger seines Vaters ist Gerd Martini, Leiter der Winzergenossenschaft Haltingen, mit der Aufgabe betraut, die Weine der nicht selber vermarktenden Winzer zu keltern und zu verkaufen. Die gute Arbeit der WG Haltingen hat mit dazu beigetragen, das recht angeschlagene Renommé der Genossenschaftsweine zu verbessern. Haltinger WG-Weine müssen natürlich auch auf den Weingeschmack der Masse abstellen, denn das sind die wichtigsten Kunden. Sie stehen aber, was Qualität angeht, mit an der Spitze ihrer Art im Markgräflerland.

Übersetzung von «Fendant» ist und einer Gutedel-Sorte zugehört, die besonders leicht zerplatzt. Heute kommt sie wieder zu neuen Ehren – doch davon später.
Die Gutedel-Rebe trägt noch einen anderen französischen Namen: Chasselas. Woher sie ihn hat, ist umstritten. Es gibt ein romantisches Städtlein südwestlich von Mâcon, ziemlich genau in der Mitte zwischen den Weinorten Pouilly-Fuissé und St-Amour, das Chasselas heisst. Seine Einwohner schwören Stein und Bein darauf, dass die Chasselas-Rebe nach ihrem Ort benannt wurde. Dort wächst zwar kein einziger Stock Gutedel mehr, aber das ist kein Gegenbeweis. In der Benennung der Traubensorten herrscht ein fröhliches Durcheinander, das jeder Logik entbehrt. Es gibt stichhaltige Beweise dafür, dass Gutedel-Reben im Jahre 1523 nach Frankreich importiert wurden, und zwar von Konstantinopel her, wo man sie als Tafeltrauben anbaute. Ebenfalls gesichert ist, dass ein Offizier des Königs Louis XV. von Frankreich, de Courten, sie ins Wallis brachte, wo sie noch immer «Fendant» heissen, auch wenn heute dort Sorten angepflanzt werden, die nicht mehr so leicht aufplatzen.
Die Gutedel-Rebe war in der Basler Region schon früher bekannt – Caspar Bauhin hatte sie mitgebracht –, aber zu grosser Verbreitung und zu hohen Ehren kam sie erst nach dem Jahr 1780, und zwar vom Markgräflerland aus. Dessen Herr und Gebieter, Markgraf Karl Friedrich von Baden-Durlach, war ein für damalige Verhältnisse sehr fortschrittlicher Fürst. Er hob nicht nur als erster Landesherr Deutschlands die Leibeigenschaft auf – er beschäftigte sich auch sehr intensiv mit der Landwirtschaft und mit dem Wohl seiner Untertanen. Er hatte in Vevey studiert und dort den Chasselas als Rebsorte kennengelernt, die sich auch für die Böden Südbadens ausgezeichnet eignen würde. Kurz entschlossen, liess er anno 1780 von Vevey eine Fuhre Rebstecklinge kommen und legte seinen Weinbauern deren Anpflanzung nahe. Sie waren an

allerlei Marotten ihres damals bereits 52jährigen Markgrafen gewöhnt und folgten seinen Weisungen. Sie gaben aber dem Gutedel, dem Chrachmost, noch einen weiteren Namen, der von seiner Herkunft kam: Viviser. Die Stadt Vevey heisst auf deutsch nämlich: Vivis. Der Name Viviser ist noch immer gebräuchlich im Markgräflerland. Ich habe ihn vor 20 Jahren aus dem Mund des damals schon recht bejahrten Müllheimer Winzers Hermann Dörflinger gehört.

Dass die Trauben des Gutedels gut schmecken, beweist seine Beliebtheit als Tafeltraube. Dass ihr Wein edel sei, ist jedoch nicht unumstritten. Noch vor wenigen Jahren konnte man in Weinbüchern lesen, dass Weine aus Chasselas, Gutedel und Fendant nicht viel mehr seien als anspruchslose Tischweine. Das hat sich jedoch geändert. Ein Autor hat nämlich herausgefunden, dass Weine von der oberen Loire, aus Pouilly-sur-Loire, mit Chasselas-Trauben bereitet werden, und das hat er in die Zeitung geschrieben. Da Weinjournalisten sehr fleissig die Werke ihrer Kollegen lesen und (ohne Quellenangaben) aus ihnen zitieren (besser gesagt: abschreiben), hat sich die Wertschätzung des Chasselas inzwischen stark verbessert.

Weine aus Gutedel-Trauben sind in der Basler Region eher einfacher Art. Sie weisen keinen kräftigen Körper auf – man nennt so etwas «schlank» – und besitzen kein Bouquet, sondern eine zarte Blume. Ihre Säure ist meistens recht zurückhaltend, und wenn man den Most nicht durch Zuckerzugaben verstärkt – man nennt das «verbessern» – ist ihr Alkoholgehalt in unserer Region meistens recht bescheiden. Gutedel ist darum ein guter Durstwein – er löscht den Durst, aber er macht nicht durstig. Lässt man die Trauben zu lange am Stock reifen, so erhöht sich der Alkoholgehalt, aber die Säure nimmt stark ab. Das raubt dem Gutedel seinen Charme und macht ihn langweilig. Sein Charakter liegt gerade in der Harmonie von wenig Alkohol, zartem Duft

und ausgewogener Säure. Gegen Luft ist Gutedel recht empfindlich. Er wird zwar im Markgräflerland gern als Fasswein zum Offenausschank verwendet, aber just das bekommt ihm gar nicht so gut. Längere Luftberührung, wie sie im nur teilweise gefüllten Fass üblich ist, ruiniert sehr rasch sein Aroma. Am besten schmeckt er aus der Flasche, und wenn sie angebrochen ist, sollte sie in höchstens ein paar Stunden ausgetrunken sein. Wenn ich sage «aus der Flasche», so bedeutet das nicht, dass man die Flasche zum Munde führt. Gutedel wird vielmehr am besten aus Gläsern mit langem Stiel und kleiner, runder Schale genossen, die man nur zur Hälfte füllt. Der Rest bleibt in der gut verkorkten, gekühlten Flasche. Gutedel aus Gobelets zu trinken, die in der Schweiz leider üblich sind, ist geradezu kriminell. Sie unterdrücken seine Blume, und beim Trinken gelangt die Handwärme unvermindert direkt in den Wein und erwärmt ihn bis zur Untrinkbarkeit. Gobelets eignen sich ausgezeichnet dazu, Zahnstocher in ihnen aufzustellen. Zum Weingenuss sind sie völlig unbrauchbar. Aber sagt das einem Schweizer, der an sie gewöhnt ist...
Im Markgräflerland wird Fasswein, meistens also Gutedel, übrigens in einer grösseren Art Gobelets serviert, die 2,5 Dezi fassen und «Viertele» heissen. Das hat Gründe. Weil man den Duft eines guten Weines nicht wahrnimmt, wenn man ihn aus solchem Glas trinkt, merkt man auch den im Fass bei Luftkontakt etwa entstandenen nicht so guten Duft kaum. Der Wirt hat also mit weniger Reklamationen zu rechnen, wenn er abgestandenen Gutedel in ihnen ausschenkt. So macht man einen Fehler zur Tugend.

Reben aus Dracula-Land?

Die Rebsorte Sylvaner stammt aus Transsylvanien, der Heimat des blutsaugenden Grafen Dracula. Punkt. So kann man es immer wieder lesen, und wie so vieles, das man immer wieder liest, ist es falsch. Die Sylvaner-Reben kamen keineswegs aus Transsylvanien, sondern irgendwoher sonst aus dem Donauraum Pannoniens und gelangten über Niederösterreich ins Frankenland, nach dem nördlichen Württemberg, an den Rhein und später nach Südbaden und ins Elsass. Dann machten sie einen grossen Sprung bis ins Wallis, wo sie unter dem Namen Johannisberg auftauchten. Im ganzen Wallis gibt's keinen Ort und keine Lage, die Johannisberg heisst. Wohl aber gab es zur Zeit Napoleons, als die Schweiz junge Männer als Kanonenfutter an die französische Armee liefern musste, einen Walliser Soldaten, der am Ende seiner militärischen Laufbahn beim Schloss Johannisberg im Rheingau zwangsweise Dienst leistete. Das Schloss war von Napoleon als Kriegsbeute dem Marschall Kellermann übergeben worden, der es von halbinvaliden Soldaten bewirtschaften liess. Unter anderem von besagtem Walliser. Als der napoleonische Zauber nach der Schlacht von Waterloo endgültig aufflog, zog der unbekannt gebliebene Mann ins Wallis zurück und nahm – ebenfalls als Kriegsbeute – Stecklinge von Reben mit, die dort wuchsen und die er als günstig fürs Wallis ansah. Das waren Sylvaner-Reben, die ihrer Herkunft wegen den Namen «Johannisberg» angehängt bekamen.

Trauben, die mit einem Vampyr in Beziehung gebracht werden, sollten eigentlich blutrot sein. Das sind die Sylvaner-Trauben keineswegs. Sie sind vielmehr bei normaler Reife leuchtend grün und nehmen erst bei Überreife einen gelblichen Ton an. Auch ihr Wein ist grünlich, solange er jung und aus gesunden Trauben bereitet ist. Erst Spätlesen, zumal wenn sie von Edelfäule befallen waren, bekommen einen goldenen Farbton. Seiner Freude am Grünen wegen nennt man die Traubensorte auch «Grünen Sylvaner». In Deutschland hat man ihr das y weggenommen und schreibt «Silvaner» mit i. In der mehr sprachbewussten Schweiz und im zweisprachigen Elsass blieb das y im Namen erhalten.

Einst war der Sylvaner in Deutschland die am meisten verbreitete Rebsorte – um 1900 waren 60 Prozent der Anbaufläche mit ihm bepflanzt. Das kam daher, dass er recht anspruchslos in der Kultur ist, in guten Jahren angenehme, ohne Nachdenken ansprechende Weine gibt – und dass er viel Ertrag bringt. Aus einem Hektar Boden kann man ohne Schwierigkeiten 120 Hektoliter Sylvaner herausholen, in manchen Jahren sogar 150 Hektoliter. Das fördert natürlich keineswegs die Güte des Weines – aber der Sylvaner ist ohnehin kein Wein von besonders hoher Qualität. Nur im Wallis und an einigen bevorzugten Lagen steigt er in die höheren Sphären auf, und auch dort nur, wenn man den Ertrag durch kräftiges Wegschneiden begrenzt.

Es ist schwer, den Charakter des Sylvaners zu beschreiben. Ihm fehlen die Duft- und Aromastoffe, die ihn auf den ersten Schluck erkennen liessen. Sylvaner ist das, was man mit «weinig» zu bezeichnen beliebt, weil einem nichts anderes einfallen kann. Das ist aber gerade seine Chance. Je nach Boden und Wetter, noch mehr aber je nach Produzent, kann der Sylvaner zu einem für echte Weinfreunde ungemein erfreulichen Tropfen werden. Was er dann besitzt, ist Finesse – ein Wort, das sich nicht erklären lässt – und eine schöne Harmonie zwischen Duft und Geschmack, Säure und Alkoholgehalt, bei schlankem Körper. Er eignet sich dann ausgezeichnet als Apérowein und als Begleitung zu Speisen, wie sie heute geschätzt werden: mit wenig Eigengeschmack und noch weniger würziger Kraft. Dass Sylvaner nicht zum Hauptwein der Nouvelle Cuisine wurde, rührt vor allem daher, dass deren Exponenten ihn nicht kannten, und dass er zu wenig vornehm und nicht teuer genug war.

Leider gab und gibt es in Deutschland Winzer, die den einfachen Charme des Sylvaners dadurch verstärken möchten, dass sie ihn süsslich ausbauen. Was heisst: sie vermischen ihn mit unvergorenem Traubensaft, Süssreserve genannt. Das bringt ihn völlig um seinen Charakter und macht ihn zu einer Art Süssgetränk auf Traubenbasis. Zum Glück ist diese Verschandelung des Sylvaners auf dem Rückgang. Ebenfalls zum Glück wird in den letzten Jahren wieder mehr Sylvaner angebaut, nachdem eine junge Generation von Winzern ans Ruder kam, die sich von den Sünden ihrer Väter lösten.

Seltsam ist die Bewertung, die Sylvaner bei den grossen Weinschreibern findet. Die britische Autorin Jancis Robinson sagt ihm geradezu das Verschwinden voraus, weil er im Duft neutral ist, aber sie gibt auch zu, dass die Elsässer Winzer aus Sylvanern erstaunlich viel herausholen. Womit sie recht hat. Man zählt ihn dort zwar nicht zu den grossen Rebsorten, aber man pflegt ihn mit Können und Liebe als einfachen Tischwein und als wichtigen Bestandteil des allseitig beliebten Edelzwicker. Hugh Johnson widmet ihm in seinem 550 Seiten starken Buch nicht einmal ein eigenes Kapitel, sondern erwähnt ihn an ein paar Stellen mit ein paar Zeilchen. Man begreift's: Sylvaner ist kein Wein, der Banausen sofort anspricht. Sylvaner ist ein Wein für erfahrene Leute, die Finessen zu erkennen vermögen und nicht nur auf kräftiges Parfum hereinfallen, das für jedermann/frau sofort begreifbar ist.

Man kann Weine auch mit Musik verständlicher machen. Gutedel wäre dann eine Melodie, von einer Hirtin auf einer Blockflöte auf grüner Matte gespielt. Sylvaner bringt's zu einem Streichtrio (ohne Verstärker!) in einem Salon, wo man höchstens mezzoforte spielen darf, weil sonst die Nachbarn reklamieren.

Die wichtigen Rebsorten des Oberrheins:
Seite 58 oben links: Gutedel, Sylvaner, Riesling × Sylvaner
Unten links: Pinot Blanc, Riesling, Muscat
Oben rechts: Pinot Gris, Gewürztraminer, Pinot Noir

Ein wirklich edler Wein!

Mit dem schmückenden Beiwort «edel» wird fürchterlicher Missbrauch getrieben. Jeder noch so desolate Tropfen, der in einem Supermarkt verkauft werden soll und diesbehufs in die Hände eines Werbetexters fällt, wird als «edler Wein für Geniesser» angeschrieben, und ein in Weindingen sehr unbedarftes Publikum kauft und trinkt ihn unter diesem vorgespiegelten Gütezeichen. Besonders schlimm war das während den Jahren, da man in Deutschland Weine zu süsslichen Nährmitteln umfunktionierte – da gab's kein noch so erbärmliches Massenprodukt, das nicht als «edel» auf den (Super)Markt kam. Es gibt jedoch eine Traubensort, die das Beiwort «edel» in jeder Hinsicht wirklich verdient. Sie heisst Riesling.
Woher der Riesling seinen Namen hat, weiss niemand genau. Es sind ein paar Hypothesen im Umlauf, von denen keine überzeugt. Seine Herkunft aber ist schon eher geklärt, wenn auch nicht mit wissenschaftlicher Genauigkeit: er stammt von wilden Reben ab, die am Rhein in der Gegend von Worms wuchsen. Dort passt der Riesling auch hin. Er liebt zwar tagsüber viel Sonne und braucht sie auch, weil er erst sehr spät reif wird. Des nachts jedoch, wenn andere Traubensorten den tagsüber in den Beeren gespeicherten Zucker teilweise wieder abbauen, behält er ihn. Beim Riesling, mehr als bei anderen Reben, kommt es zu einer Akkumulation des Zuckers bis in die letzten Tage – und dabei erhält sich seine so wichtige Säure fast gänzlich. Was aber noch viel wichtiger ist: der Riesling verliert seinen delikaten Duft nicht, wenn er reifer wird. Seine Aromastoffe sind so beschaffen, dass sie noch bei hoher Reife der Beeren elegant und unerhört fruchtig bleiben. Das sind Gründe, weshalb er mit Recht «edel» genannt wird.

Der Riesling hat aber noch weitere gute Eigenschaften. Wie kein zweiter Weisswein ändert er seinen Duft und seinen Geschmack je nach der geologischen Beschaffenheit des Bodens, auf dem er wächst – und das, ohne seinen eigenen Charakter aufzugeben!
Am schönsten gedeiht sein Bouquet auf steinigen, dunklen, wasserdurchlässigen Böden, wie sie im Rheingau an steilen Hängen vorkommen. Sie geben dem Riesling am meisten von seiner charakteristischen «stahligen» Säure. Aber auch auf den Böden am Oberrhein wächst perfekter Riesling: auf Lehm, Kalk, Löss und Urgestein. Im Markgräflerland pflanzen nur eine Handvoll Enthusiasten ihn an; weiter nördlich, wo er den Namen «Klingelberger» trägt, erreicht sein Anbau Ausmasse bis zu zehn Prozent. Das eigentliche Rieslingland aber ist das Elsass, wo mehr als ein Fünftel der Weinbaufläche mit Riesling bepflanzt ist. Hier gehört er zu den vier «Cépages Nobles», den Edelsorten, und ist der bevorzugte Essensbegleiter. Auch gekocht wird mit ihm. Seine betonte Säure und sein standhafter Duft setzen sich sogar gegenüber Sauerkraut und den Zwiebeln des Bäckeofe durch.
Zusammen mit Chardonnay zählt Riesling zu den allerbesten Weissweinreben. Die beiden Sorten ergänzen sich trefflich: Chardonnay bevorzugt den Süden, Riesling den Norden. Je nach Lage bringt Riesling Erträge bis 100 Hektoliter per Hektar. Manche Autoren behaupten, auch dann verliere er nicht an Güte – aber bei dieser recht massigen Ausbeute erreicht er ganz gewiss nicht die hohe Qualität, die er bei kräftigem Rückschnitt der Trauben erlangt. Nicht umsonst begrenzen die Vorschriften für die Grands Crus im Elsass den Ertrag auf höchstens 70 Hektoliter.
Riesling geniesst Vorteile, die keine andere Weissweinsorte besitzt. Seine kräftige Säure macht ihn sehr lang haltbar. Mit der Zeit gewinnt er dabei eine köstliche Reife, ohne Oxydation zu zeigen (falls er sauber bereitet wurde),

Seit dem Jahr 1580 folgt in der Elsässer Winzerfamilie Beyer immer der Sohn auf den Vater als Weinproduzent. Der jetzige Chef des Hauses, Léon Beyer, ist der Doyen der Elsässer Winzer. Kaum ein Spitzenrestaurant auf der Welt, das nicht Weine vom Haus Léon Beyer (Eguisheim) führt. Von besonders hohem Ruf sind seine Riesling-Weine «Vendage Tardive» und «Sélection de Grains Nobles». Spätlesen und Trockenbeeren-Auslesen von höchster Fülle und edlem Charakter – hier sind diese oft missbrauchten Wörter am Platz!

und bekommt einen nur ihm eigenen Geschmack, den man «petrölelen» nennt. Dank seiner hohen Säure verträgt er auch etwas Restzucker, wie ihn manche Weintrinker schätzen. Aber Vorsicht: es muss echter Restzucker sein, unvergoren gebliebener Zucker aus den eigenen Trauben – nicht künstlich zugesetzter Süssmost, der sich unter dem beschönigenden Namen «Süssreserve» einschleicht. Riesling ist auch eine Traube mit Neigung zu Edelfäule. Die aus reifen, von Botrytis befallenen Trauben bereitete «Trockenbeeren-Auslese» heisst im Elsass «Sélection de Grains Nobles» und kann auf der selben hohen Stufe stehen wie die teuersten Sauternes. Nur schmeckt Riesling auch dann viel blumiger als edelfaul geernteter Semillon und Sauvignon im Bordelais.

Eine einmalige Köstlichkeit beim Riesling ist der Eiswein, bereitet aus Trauben, die so lange am Stock hängen bleiben, bis der Winter über sie hereinbricht und das Wasser in ihrem Saft zu Eis wird. Dann werden die Trauben gepresst, was einen höchst konzentrierten Most bis zu 300 Grad Öchsle ergibt. Voll durchgegoren, bleiben ihm noch unerhört hohe Werte von eigenem Zucker, dazu eine kräftige Säure und viel Alkohol. Eiswein ist eigentlich ein Liqueur, und sein Preis ist astronomisch. Aber auch das Gegenteil ist möglich: man kann Riesling mit sehr wenig Alkohol bereiten, ohne dass seine Güte stark leidet. Der richtige Wein für Motorisierte!

Damit nicht genug: der Riesling kann noch etwas. Nämlich sich leicht mit anderen Rebsorten kreuzen. Es gibt eine Reihe von Neuzüchtungen auf Riesling-Basis mit bemerkenswertem Erfolg: Scheurebe, Bacchus, Optima, Kanzler, Faberrebe, Rotberger zum Beispiel. Eine dieser Kreuzungen fällt aus der Reihe, weil in ihr Riesling mit der roten Trollinger-Rebe aus Württemberg vereint wurde, wobei dennoch ein rein weisser Wein entstand, der «Kerner». Sein Namenspatron ist der schwäbische Arzt und Dichter Justinus Kerner, der

anno 1829 ein noch heute berühmtes parapsychologisches Buch schrieb «Die Seherin von Prevost».
Nicht alles jedoch, was «Riesling» heisst, ist wirklich Riesling. In Italien gibt es eine Rebsorte «Riesling Italico», die rein gar nicht mit unserem Riesling zu tun hat. In der Schweiz hört man das Wort «Riesling» sehr oft, aber es handelt sich um eine Abkürzung des Namens «Riesling × Sylvaner». Es gibt halt maulfaule Leute, denen dieser richtige Name zu lang ist. Vom Riesling × Sylvaner handelt das nächste Kapitel.

Müllerwein vom Bäckerssohn

Die zweite Hälfte des letzten Jahrhunderts war eine aufregende Zeit für die junge Wissenschaft der Biologie. Kurz nach 1850 hatte Louis Pasteur sein Buch «Etudes sur le Vin» herausgegeben und darin als erster wissenschaftlich genau erklärt, was bei der Gärung von Traubenmost zu Wein geschieht. Charles Darwin publizierte seine Theorie über die natürliche Selektion in der Entwicklung von Lebewesen. Der Pater Gregor Mendel fand die Gesetze der Vererbung heraus, in Amerika züchtete Luther Burbank allerlei neue Nutzpflanzen, und Julius von Sachs in Deutschland erkannte, auf welche Weise die Pflanzen aus Licht und Kohlendioxyd ihre Baustoffe herstellen. Einer aus der Reihe dieser Forscher stammte aus der Schweiz, aus Tägerwilen im Thurgau, war am 21. Oktober 1850 geboren worden und Sohn eines Bäckers. Er hiess Hermann Müller. Schon mit weniger als 20 Jahren war er Lehrer, wobei ihm der Kreuzlinger Seminardirektor Rebsamen seine Unterstützung angedeihen liess. Bald darauf ging Hermann Müller nach Würzburg, studierte dort bei Julius von Sachs, machte mit höchstem Lob den Doktor und wurde – kaum 25jährig – der erste Leiter der neugegründeten Preussischen Lehr- und Forschungsanstalt für Wein-, Obst- und Gartenbau in Geisenheim am Rhein. Da es bereits einen anderen Biologen mit Namen Hermann Müller gab, nannte er sich «Müller-Thurgau». Ein Name, der seinem Heimatkanton bald zur Ehre gereichte.

Hermann Müller-Thurgau wurde in kurzer Zeit seiner erfolgreichen wissenschaftlichen Arbeit wegen allgemein berühmt. Er untersuchte die damals höchst aktuellen Parasitenkrankheiten von Pflanzen, vor allem der Reben, erforschte die Biologie der Edelfäule bei Trauben, arbeitete Verfahren zur einfachen Herstellung alkoholfreier Obstsäfte aus, bekämpfte Missbräuche wie

Nasszuckerung von Weinen und die Herstellung von Kunstwein – und züchtete neue Traubensorten durch Kreuzung bestehender, bewährter Reben.
Als man in der Schweiz die Idee des Geisenheimer Instituts als gut erkannte und eine ähnliche Anstalt in Wädenswil gründen wollte, holte man Hermann Müller zurück in sein Heimatland und machte ihn zu deren Direktor.
Schon in Geisenheim hatte Müller-Thurgau Riesling und Sylvaner gekreuzt. 150 seiner Zuchtpflanzen nahm er mit in die Schweiz und setzte, zusammen mit seinem Mitarbeiter Heinrich Schellenberg, die Züchtungen fort. Es dauerte bis 1906, dass Müller ganze 100 Liter Wein aus seiner Kreuzung Nr. 58 gewinnen und sie Weinfreunden zum Probieren einschenken konnte. Viele fanden damals, dieser «Riesling mal Sylvaner» stinke. Dennoch begann der R × S, wie man ihn in der Schweiz nannte, einen wahren Siegeszug. Er verdrängte sehr rasch ältere Rebsorten wie den Elbling und den Räuschling, deren kräftige Säure nicht mehr beliebt war. Dazu kam, dass R × S früher reift als Riesling, den reichen Ertrag von Sylvaner bringt, problemlos im Anbau ist und einen Wein gibt, der angenehm schmeckt. In der Schweiz begann die Kultur von R × S bereits 1926, in Deutschland wurde der Anbau zehn Jahre später erlaubt, aber der grosse Erfolg setzte erst nach Ende des Zweiten Weltkriegs ein. Bereits 1970 war ein Drittel der Rebfläche in Deutschland mit R × S bepflanzt, den man aber bald, um Verwechslungen mit Riesling zu vermeiden, nach seinem Schöpfer «Müller-Thurgau» nannte.
Der Riesling × Sylvaner hat viele gute Eigenschaften. Jedoch hat er auch eine sehr schlechte: seine Reben können unerhört grosse Mengen von Trauben produzieren. Er ist ein ausgesprochener Massenträger. In Deutschland kam es vor, dass auf einem Hektar Rebland insgesamt 35 000 Liter Müller-Thurgau erzeugt wurden – was pro Quadratmeter fünf Flaschen zu 0,7 Liter ausmacht.
 Zum Vergleich: Im Burgund ist höchstens eine halbe Flasche pro Quadratme-

ter gestattet! Dass ein solcher Massenwein von höchst minderer Qualität sein muss, leuchtet ein. Es wurde denn auch lebhaft am Müller-Thurgau herumlaboriert. Durch Zuckern des Mostes vor der Gärung erreichte man höheren Alkoholgehalt; durch Zusatz von Süssmost zum fertigen Wein gab man ihm Süsse, die mehr Körper vorspiegelte; mit allen Tricks der Werbung spielte man ihn hinauf. Das Resultat: Wenn der deutsche Müller-Thurgau nicht von einem verantwortungsbewussten, grundehrlichen Produzenten gemacht war, der die erzeugten Mengen sehr stark einschränkte, wurde er zu einem minderwertigen Gesöff für Weinbanausen und zu einem charakterlosen Billigwein.
Die Folgen blieben nicht aus: Müller-Thurgau verlor sehr rasch den guten Namen, den er sich mühsam erworben hatte. Es war die jahrelange Arbeit verantwortungsbewusster Weinproduzenten notwendig, dazu viel Aufklärung durch eine halbe Handvoll seriöser Weinjournalisten, um den Ruf des Müller-Thurgau wieder zu heben. Neuerdings versucht man's auch mit einem Trick: man nennt ihn anders, nämlich «Rivaner». So heisst der Müller-Thurgau schon längst im Weinland Luxemburg, wo er als Schoppenwein bestens bekannt und allseits beliebt ist.
In der Schweiz hat der Müller-Thurgau, pardon: der Riesling × Sylvaner – bei den Weinen eine ähnliche Grenze auf dem Gewissen wie bei den Sprachen die Rösti. In der Westschweiz wird er kaum jemals angepflanzt, weil er dort allzu viel Sonne geniesst und dadurch zu einem Wein wird, den nicht einmal die anspruchslosesten Freunde entsäuerter Chasselas-Weine gut finden. In der Ostschweiz jedoch wurde er die wichtigste aller weissen Traubensorten. Die Grenze geht mitten durch den Thunersee. Auf dem rechten Ufer bei Oberhofen gedeiht R × S, auf dem linken bei Spiez beginnt der Chasselas. Basel gehört seltsamerweise weintechnisch zur Ostschweiz und pflanzt über-

wiegend Riesling × Sylvaner an, obschon im benachbarten Markgräflerland der Chasselas, pardon: der Gutedel, die charakteristische Traubensorte ist. Im Elsass jedoch verzichtet man weise auf den Anbau von Müller-Thurgau. Er bringt es dort nur zu einfachen, langweiligen Weinen. Zudem hat das Elsass nach 1920 seine Produktion mit viel Mühe, Geld und Propaganda auf Qualitätsweine umgestellt, und zu ihnen gehört Müller-Thurgau dort überhaupt nicht.

Riesling × Sylvaner oder Müller-Thurgau gibt, mit Zurückhaltung und Sorgfalt angebaut, bereits in mittleren Jahren milde, schlanke, fruchtige, eher alkohol-leichte Weine mit einem fröhlichen Muskatton. In der Schweiz, wo man ihnen mit dem biologischen Säureabbau oft allzuviel Säure nimmt, treten sie manchmal charakterarm und allzu mild auf. Leider erhöht man ihren Alkoholgehalt gern durch Mostzuckerung – Chaptalisation – und verändert dadurch ihre Harmonie ungut. In Südbaden werden Müller-Thurgau-Weine nicht selten mit Traubenmost gesüsst oder durch zu späte Ernte entstellt, womit man dem Weingeschmack nördlicher Länder entgegenkommt. Im Markgräflerland sollte man Müller-Thurgau nur von den allerbesten Produzenten beziehen!

Wohlauf, lasst uns Reben kreuzen!

Wenn etwas auf dieser Erde Erfolg hat, kommen sehr bald Leute, versuchen das Rezept herauszufinden und machen's dann nach. So ging es auch, als der Riesling × Sylvaner, der Müller-Thurgau, zu einer ungemein erfolgreichen Rebsorte wurde. Hier und dort geschah aufs Mal in grossem Ausmass das, was vorher nur recht selten passiert war: man kreuzte bestehende Rebsorten, um neue Reben mit (hoffentlich!) sensationellen Eigenschaften zu bekommen. Da alle unsere Weintrauben – mit Ausnahme der Americani im Tessin – zur selben biologischen Art «vitis vinifera» gehören, lassen sich die verschiedensten Sorten recht gut kreuzen. Deshalb wurde also munter drauflos gekreuzt, und allerlei Produkte dieser Züchtungsversuche kamen mit schönen Namen mindestens in die Fachpresse, wenn nicht sogar zum Anbau in Weinberge. Viele verschwanden sehr rasch wieder. Andere fanden Freunde und blieben erhalten. Ganz wenige wurden erfolgreich. Zu ihnen gehört im Markgräflerland eine Rebsorte, die im unheilvollen Jahr 1939 aus der Kreuzung von zwei landestypischen Sorten entstand: aus Gutedel und Sylvaner. Ihr Schöpfer war Johannes Zimmermann, der im Staatlichen Weinbauinstitut in Freiburg im Breisgau wirkte. Nach einigem Nachdenken gab er ihr den Namen «Nobling». In der Umgangssprache sind Wörter, die auf «ling» enden, oft nicht gerade lobend. Man denke an «Schönling», zum Beispiel. In der Biologie sind sie jedoch recht verbreitet, zumal in der Pilzkunde. Da gibt es Schwämmlein, die «Natternschreckling» heissen, ja sogar «Duftender Afterleistling» und ähnlich seltsam. Mit dem Namen «Nobling» sind viele Winzer, die ihn anpflanzten, nicht restlos glücklich. Man versteht's. Der Wein jedoch, den Nobling-Trauben geben, macht dennoch Furore.

Was die Kunst erfahrener, traditioneller Winzer mit modernen Methoden aus den Rebsorten des Markgräflerlandes herausholen kann, zeigt das Beispiel von Hermann Dörflinger in Müllheim. Vater Hermann, dessen Portraitkopf die Degustierstube beherrscht, gehörte zu den ganz wenigen badischen Weinmachern, die nie der verderblichen Unsitte der «lieblichen Weine» huldigten. Seine Tradition wirkt im Weingut Dörflinger ungebrochen weiter. Hermann junior und seine Frau Doris geniessen mit Recht hohen Ruf unter Weinfreunden vor allem in Deutschland und der Schweiz. Ihr Nobling ist wohl der beste Wein, den man aus dieser Rebsorte keltern kann.

Was Johannes Zimmermann erreichen wollte: mit seiner Neuzüchtung eine Rebe schaffen, die gern und gut auf den Böden Südbadens wächst, die nicht zu früh reift, aber ja nicht zu spät, die mehr Zuckergehalt und gute Säure bringt als ihre Eltern, die reich im Ertrag sein kann, und die erst noch schmackhaften Wein gibt, der im Duft und im Mund höhere Qualität liefert als Gutedel und Sylvaner allein. Man muss zugeben: ein reichlich befrachtetes Programm. Es ist Johannes Zimmermann aber ausgezeichnet gelungen, es zu verwirklichen.

Nobling ist tatsächlich besser als Gutedel, bringt etwas mehr erfrischende und angenehme Säure als Sylvaner und erzeugt von Natur aus mehr Zucker. Er übertrifft im Wohlgeschmack beide Eltern, besitzt fruchtiges Bouquet und einen sympathischen Körper, und wenn man's nicht übertreibt, kann man ihn sogar zu einer guten Spätlese heranreifen lassen. Er ist dennoch ein badischer Wein geblieben. Weder im Elsass noch in der Schweiz wird Nobling in grösseren Mengen kultiviert. Ein paar innovative Winzer pflanzen ihn dort, fast nur stockweise, nahezu im geheimen an. Nobling hat nämlich einen Fehler: er neigt zu hohen Erträgen bis zu 150 Hektoliter pro Hektar. Wenn man seine Trauben nicht drastisch zurückschneidet, verliert der Nobling allzu leicht gerade das, was ihn auszeichnen kann: seine Nobilität. Auch Nobling gehört deshalb zu den Weinen, die aus dem Gut eines qualitätsbewussten Winzers stammen sollten – das garantiert dem Weinfreund den Genuss.

Möglicherweise liegt's am Namen – man trifft Nobling nicht selten in recht süsser Zubereitung, mit bis zu 28 Gramm Zucker im Liter und mehr. Das wären also vier der Zuckerpäcklein, wie man in der Schweiz zu Kaffee und Tee je eines serviert bekommt. Richtig trocken ausgebaut, mit 0,1 bis höchstens 2,0 Gramm Restzucker, schmeckt er dem Weinfreund wesentlich besser, der Wein mit dem umstrittenen Namen Nobling.

Pinot – eine vornehme Familie

Eher selten kommt es vor, dass einer einzigen Familie mehrere grosse Persönlichkeiten entspriessen. Bei der Pinot-Rebe ist das jedoch der Fall. Es gibt drei berühmte, verbreitete Rebsorten, die ihr angehören: der Pinot Noir, der Pinot Gris und der Pinot Blanc. Auf Deutsch heissen sie: Blauburgunder, Grauburgunder, Weissburgunder. Die Namen weisen auf ihre französische Herkunft hin. Streng genommen, gehört noch eine vierte Sorte dazu: der Pinot Meunier, die Müller-Rebe. Mit dem Biologen Hermann Müller-Thurgau hat sie überhaupt nichts zu tun. Den Namen «Müller-Rebe» bekam sie, weil ihre Triebe einen weisslichen Schimmer aufweisen, der wie Mehl aus der Mühle aussieht. Der Pinot Meunier wird jedoch sehr selten als selbständige Traubensorte bei der Weinbereitung verwendet. Wenn wir über Schaumweine sprechen, kommen wir auf ihn zurück.

Pinot-Reben haben eine zeitliche Ordnung. Zuerst, wird angenommen, war der Pinot Noir da, der dunkelfarbige Blauburgunder. Durch Mutation erlitt er mitunter einen Farbverlust, wodurch der Grauburgunder entstand, der Pinot Gris. Aus ihm wiederum, ebenfalls durch natürliche Mutation, wurde der Weissburgunder, der Pinot Blanc. Der enge Zusammenhang der drei Sorten zeigt sich darin, dass es schwierig ist, sie während des Wachstums der Trauben auseinanderzukennen. Erst wenn sich in den Beeren die Farbe bildet, weiss man genau, was blau, grau, oder weiss ist. Es kommt aber auch vor, dass an einer einzigen Traube Beeren in zwei, ja drei Farben wachsen.

Weinhistoriker haben festgestellt, dass Kaiser Karl der Grosse den Pinot Noir gekannt und geschätzt habe. Er besass einen eigenen Weinberg bei Aloxe im Burgund, auf dem noch heute Wein wächst, der Corton-Charlemagne heisst –

aber, um die Sache noch komplizierter zu machen: der ist weiss und wird aus Chardonnay-Trauben gemacht, die nicht zur Pinot-Familie gehören. Karls Urenkel, der ebenfalls Karl hiess, aber mit dem Beinamen «der Dicke», liess burgundische Pinot Noir-Reben anno 884 am Bodensee anpflanzen. Eine viel grössere Bedeutung für den Weinbau in unserer Region bekam der dicke Karl aber dadurch, dass er im Jahr 887 seine Ehefrau Richarde loswerden wollte und ihr unguten Lebenswandel vorwarf. Richarde ging daraufhin ins Unter-elsass, traf dort auf einen wildlebenden, freundlichen Bären, der wesentlich mehr Herzenswärme besass als der dicke Ehemann. Der Bär zeigte ihr einen günstigen Ort für die Gründung eines Klosters – und dort entstand Andlau, heute einer der besten und führenden Weinorte im Elsass. Andlau ist Sitz einer Wein-Commanderie und von gleich drei Grands Crus umgeben.
Beginnen wir die Besprechung der Pinot-Weine mit dem hellsten:

Pinot Blanc – Weissburgunder

Der Pinot Blanc ist eine recht anspruchsvolle Rebe, die Böden mit vielen Nährstoffen braucht, mit Feuchtigkeit und warmer Lage. Er lohnt das mit einem sehr feinfruchtigen Wein, nicht schwer im Alkohol, von grünlichgelber Farbe und gutem Körper, nicht zu betonter Säure und der Fähigkeit, sich fast allen Speisen mühelos anzupassen. Sein Ertrag liegt meistens unter 90 Hektoliter pro Hektar, so dass er kein Massenwein ist – aber es lohnt sich, ihn trotzdem zurückzuschneiden, weil das seine Qualität noch verbessert.
Weissburgunder wird in der Schweiz nur in kleinen Mengen angebaut, in der Basler Region nur auf minimen Flächen. Im Markgräflerland hingegen nimmt seine Kultur immer mehr zu. Er gilt dort als Edelsorte, und wenn ein Winzer ihn erzeugt, der sein Metier versteht, wird ein ausgezeichneter Wein aus dem Pinot Blanc. Im Elsass erreicht er etwas höhere Alkoholwerte und wird gern vor der völligen Reife geerntet, damit er «nerveux» bleibt.
Man trifft im Elsass auch auf eine Spielart des Pinot Blanc, die «Auxerrois» genannt wird, nach der Stadt Auxerre halbwegs zwischen Dijon und Paris, nahe bei der Burgunder Weissweinlage Chablis. Er gilt als wertvollerer Bruder des Pinot Blanc. Mitunter trägt er auch den Namen Klevener oder Clevner, was eine Verdeutschung des Ortsnamen Chiavenna ist. In anderen Weinbaugegenden bezeichnet Klevner jedoch keineswegs den Pinot Blanc bzw. Auxerrois. In der Ostschweiz heisst ein Blauburgunder so, im Württembergischen eine frühe Version des Pinot Noir, in Nordbaden ist Klevner ein Traminer, nämlich eine weniger aromatische Spielart des Gewürztraminers. In der Bezeichnung von Traubensorten herrscht noch immer ein fröhlicher Wirrwarr...

Grauburgunder – Pinot Gris

Zu den seltsamsten Weissweinreben gehört der Pinot Gris, der Grauburgunder. Er trägt auch andere Namen. In Deutschland nennt man ihn noch Ruländer, nach dem Kaufmann Johann Seger Ruland, der die Rebe anno 1711 in einem Garten in der Nähe von Speyer fand und sie gewinnbringend züchtete. In der Schweiz wird Pinot Gris seit langem im Wallis angebaut, wo er Malvoisie heisst. Das bedeutete ursprünglich Malvasier, was ein Südwein von Monemvasia im Südosten des Peloponnes war aus Trauben einer völlig anderen Sorte. Im Elsass schliesslich tritt Pinot Gris unter dem Namen «Tokay d'Alsace» auf, aber der Name Pinot Gris setzt sich dort immer mehr durch, vor allem seit die Hohen Herren von Brüssel diese Bezeichnung vorzuschreiben geruhen. Mit dem ungarischen Tokayerwein hat er sowieso nichts zu tun, denn der wird aus völlig anderen Reben gewonnen. Das Seltsame an ihm sind erstens die Trauben: sie haben eine grüngraurotblaubraune Farbe, und kein Mensch würde ihnen zunächst zutrauen, dass aus ihnen ein goldgelber Wein gemacht werden könnte. Das ist aber die Farbe des Pinot Gris, vor allem wenn er sehr reif geerntet wurde.

Nun kommt das zweite Seltsame: er kann seinen Charakter sehr stark verändern, je nachdem wann und wie man ihn macht. Erntet man ihn, bevor er richtig reif ist, so ergibt der Pinot Gris einen eleganten, säurebetonten, nicht übermässig alkoholreichen, hellgoldenen Wein, der sehr gut zur modernen Küche passt. Erntet man ihn reif, so hat seine Säure schon beträchtlich abgenommen, die Farbe wird goldgelb, der Alkohol wird recht spürbar, und der Wein verdient die Bezeichnung «feurig». Liest man die Trauben aber später, so wird geradezu die Karikatur eines Weines aus ihrem Saft: vollgolden in der

Farbe, sehr schwer im Alkohol, von viel zu wenig Säure, aber mit reichlich Glycerin, das ihm eine sättigende Süsse verleiht. Sein Honigton, den er schon bei Normalreife zeigt, wird geradezu penetrant. Kommt dann noch eine sehr warme, mineralreiche Lage hinzu, so wird aus dem Pinot Gris ein übervoll-schlankes, plumpes Etwas, das peinlich an ein Nährgetränk aus der Apotheke erinnert.

Just diese Art entstellten Weines aber hat man lange Jahre in Deutschland als «typischen Ruländer» angesehen, erzeugt und verkauft. Dieser Ruländer war ein Wein, der einen sehr rasch denkunfähig machte, aber den Mund von Gescheitheit überlaufen liess – und wenn man dann aufstehen und heimgehen wollte, merkte man durch den Nebel im alkoholisierten Gehirn, dass jedes Bein eine andere Vorstellung vom richtigen Heimweg hatte. Kurz: man war besoffen. Angehörige von Gebieten ohne Weinkultur mögen das gut gefunden haben. Aber auch schon Leute mit nur spurenweis vorhandenem Weinverstand hörten auf, diesen Ruländer zu trinken. Die Weinwirtschaft hörte natürlich zunächst nicht auf warnende Stimmen, deren eindringlichste die des Winzers, Wirtes und Publizisten Keller Franz in Oberbergen am Kaiserstuhl war. In allerletzter Minute tat sie dann etwas und natürlich etwas Falsches. Sie stellte aus dem unverkäuflichen Ruländer ein Gemisch her, indem sie ihn mit leichtem Pinot Noir vermengte und das Resultat «Badisch Rotgold» nannte. Kein Mensch mit Weingeschmack wollte die Mixtur kaufen. Schliesslich bekehrte sie sich zu den Vorschlägen des Keller Franz und machte einen weniger plumpen Ruländer mit wenigstens annehmbarem Charakter, behauptete kalten Armes, die Idee des leichteren Ruländers stamme von ihr selber – und blieb wiederum auf dem Ruländer sitzen. Grund: der Name Ruländer war ruiniert und zum Inbegriff eines untrinkbaren Weines geworden. Der nächste Schritt folgte: Man nannte den entplumpten Ruländer nun «Grauburgunder».

Das tönte nach Frankreich, erschien vornehm und half dem Absatz auf die Beine. Was merkt der Weinfreund? Von «Badisch Rotgold» lässt er die Hände. Beim «Grauburgunder» sieht er sehr sorgfältig darauf, wer ihn produziert hat. Stammt er nicht aus einem guten, bewährten Betrieb, so meidet er ihn.
Ganz anders im Elsass. Dort ist man zwar des falschen Glaubens, der Haudegen Lazarus von Schwendi habe die Reben seinerzeit aus den Türkenkriegen in Ungarn mitgebracht – aber man macht aus Pinot Gris bzw. Tokay d'Alsace ausgezeichnete Weine, und das schon lange. Lazarus starb mit 62 Jahren am 28. Mai 1584 in seinem Schloss im badischen Ort Kirchhofen; sein restauriertes Schloss in Kientzheim im Elsass ist zum Sitz der Confrérie Saint-Etienne geworden, die seinen Namen und die Elsässer Weine hochhält. Die Confrérie ist der Meinung, der Pinot Gris sei der beste aller Elsässer Weine. Damit hat sie nicht unrecht. Er besitzt einen reichen Körper, kann bis zu 14 Prozent Alkohol aufweisen, zeigt ausser in Spitzenjahren eine harmonische Säure und ist in jeder Hinsicht ein nobler Wein. Man reicht ihn gerne als «Vin d'honneur» bei festlichen Empfängen und beim Besuch lieber Freunde, aber auch zu den kräftigen elsässischen Gerichten. Vorzüglich begleitet er Foie Gras, die Elsässer Gänseleber.
Die letzte, beziehungsweise die ursprüngliche Pinot-Rebe ist der Pinot Noir, der Blauburgunder, die grosse Rotweintraube des Burgund. Ihr ist ein eigenes Kapitel gewidmet.

Einer von Hunderten: Pinot Noir

Gute Rotweine kann man aus Hunderten von Rebsorten keltern, vom Aglianico bis zum Zinfandel. Viele darunter eignen sich für Klima und Böden der Region. Dennoch hat man aus ihnen in allen drei Ländern beim Rheinknie nur eine einzige Sorte ausgewählt, und zum Glück die allerbeste: Pinot Noir, Blauburgunder. Das beruhte kaum auf einem wohlüberlegten Entschluss. Es war eher so: Der Pinot Noir war halt schon da. Er kam aus dem Burgund, das bekanntlich durch eine Pforte mit dem Oberrheingebiet verbunden ist. Als Caesar Gallien eroberte, so vor 2050 Jahren, gab's die Rebe schon. Sie hiess freilich anders, nämlich «vitis allobrogica», nach dem Volksstamm der Allobroger, die zwischen den Flüssen Rhône und Isère lebten, südöstlich des heutigen Burgund.

Der Name «Pinot» sagt bereits, wie die Trauben dieser Rebsorte aussehen: wie Pinienzapfen. Die Beeren sind klein und rund, stehen dicht beieinander, haben dünne Häute und einen sehr süssen Saft. Der Most von Pinot Noir-Trauben hat meistens höhere Öchslewerte als der anderer Trauben der gleichen Gegend. Die Reben brauchen kalkige, genügend feuchte Böden und treiben ihre Wurzeln sehr tief in den Grund. Dadurch können sie auch längere Trockenzeiten gut überstehen, in denen sich in den Trauben der Zucker ansammelt. Eine Besonderheit der Rebsorte: im Herbst werden ihre Blätter leuchtend rot, gelb und schwarz. Aus einem Rebhang im Markgräflerland knallen dann die mit Blauburgunder bestückten Teile geradezu hervor.

Erstaunlich ist am Pinot Noir, dass er zwar einen eigenen Duft und Geschmack hat – aber beide sind keineswegs so auffallend wie bei vielen anderen roten Sorten. Man erkennt in jungen Blauburgunderweinen das

Der südlichste Weinberg im Markgräflerland, auf dem Weiler Schlipf gelegen, wird von der Winzerfamilie Hans Schneider betreut. Die junge Frau des Sohnes Claus Schneider, Susanne, stammt aus dem Haltinger Weingut Hagin. Sie ist Önologin, arbeitet im Weinberg und im Keller, sorgt für den Verkauf, ist Frau und Mutter und gehört zu den noch nicht sehr zahlreichen modernen Weinmacherinnen Deutschlands. Schneiders Spätburgunder vom Schlipf bringt so viel Qualität mit, dass er sogar den Ausbau im kleinen Eichenfass verträgt und darin zu einem für Baden nahezu einmaligen Burgunderwein wird.

Aroma frischer Himbeeren oder Brombeeren, auch Erdbeerduft ist nicht selten riechbar, ebenso Cassis oder Heidelbeere. Nach einer Reifung, die jeder Blauburgunderwein benötigt, tritt dann der Charakter der Rebe hervor: ein breites Bouquet von Düften, das eine herrliche Harmonie bieten kann.
Hier zeigt sich leider auch, dass der Pinot Noir das Können seines Produzenten und die Zustände in dessen Keller widerspiegelt. Ein Blauburgunder kann hinreissend nach Veilchen oder nach schwarzen Trüffeln duften. Er kann aber auch das nicht sehr willkommene Aroma von nassem Hundefell besitzen, von leicht verwestem Fleisch, von verrottenden Gemüseabfällen oder von faulendem Holz. Die Aromastoffe des Pinot Noir tendieren selber schon zu solchen unguten Düften. Wenn dann aber noch nachlässige Behandlung der Fässer, unsaubere Ernten ohne Ausscheiden von faulen oder überreifen Beeren, Oxydation im nicht sorgfältig überwachten Fass und/oder Spuren von Mercaptan hinzukommen, wird aus dem Wein sehr rasch ein kaum noch geniessbares Etwas. Leider findet das seit Jahren im Burgund statt. Man verlässt sich dort viel zu stark auf den guten Ruf der Weine, den sie früher erworben hatten, und denkt das, was auch faule Wirte und schlechte Küchenchefs immer wieder sagen: «Unseren Kunden schmeckt's.» Beim Burgunder ist das tatsächlich so, dass sich die Weintrinker im Lauf der Zeit an unsaubere Weine gewöhnt haben und der Meinung sind, so müsse Burgunder schmecken. Sie gewöhnten sich ebenso an eine zu dunkle Farbe und an durch Zuckerung stark erhöhten Alkoholgehalt. Burgunderweine werden halt vor allem nach dem getrunken, was auf den Etiketten steht, und nicht nach der Güte des Flascheninhalts...
Was aus Pinot Noir entstehen kann, wenn man ihn richtig behandelt, beweisen Weine aus der Region am Rheinknie. Es gibt unter ihnen ganz ausgezeichnete Tropfen mit den Vorzügen, die der Traubensorte innewohnen, aber mit

wenigen ihrer Nachteile. Man kann diese Weine bereits wesentlich jünger geniessen als Burgunder aus der Côte d'Or, weshalb sie auch nicht den Braunstich in der Farbe besitzen, den die Rebsorte nach einiger Zeit produziert. Leider ahmt man jedoch das Vorbild des Burgund dort nicht nach, wo es tatsächlich ein leuchtendes ist: in der Beschränkung des Ertrags auf eine halbe 7-dl-Flasche pro Quadratmeter als obere Grenze. In deutschen Publikationen las man vor ein paar Jahren, es sei nun endlich gelungen, mit reicher tragenden neuen Blauburgunderreben der Ertrag auf einen Liter pro Quadratmeter heraufzusetzen – und was in Deutschland geschieht, wird oft in der Schweiz sehr rasch nachgemacht...

Wein aus Pinot Noir eignet sich hervorragend zur Reifung in kleinen Fässern aus Eichenholz, etwa 225 Liter fassend. Sie heissen Pièces, aber der Name ist manchen zu wenig vornehm, weshalb sie die Fässlein «Barriques» zu nennen belieben – so heissen ähnliche Fässer im Bordelais. Auch sagen sie nicht «die» Barrique, wie es richtig ist, sondern «das» Barrique. Es wird mich nicht sehr wundern, wenn ich demnächst einmal lese «das Barick». Sprachgefühl ist nicht sehr verbreitet, nicht wahr.

Die Pièce hat die Aufgabe, dem in ihr reifenden Wein durch die Poren des Holzes hindurch in sehr kleinen Mengen Luft zuzuführen, also Sauerstoff, der zur Reifung (wenn er vorsichtig dosiert ist) Gutes beiträgt. Ausserdem gibt das Holz der Pièce auch eigene Aromastoffe an den Wein ab. Ist die Pièce neu, sind es recht viele Holzstoffe, die dem Wein mitgegeben werden. Das führt dann dazu, dass er riecht wie das Holzlager einer Schreinerei, aber nicht mehr wie Pinot Noir.

Das richtige Verfahren wäre, durch Wahl von bereits gebrauchten Fässern oder durch Mischen von Wein aus neuen und älteren Pièces den Holzgeschmack und -geruch so zu dosieren, dass er die Aromastoffe des Weines unterstützt, aber nicht sie unterdrückt. Das ist, ich muss es zugeben, eine Kunst, und eine Kunst ist etwas, das nicht jeder kann. Auch nicht jeder Winzer, der frischfröhlich etwelche Blauburgunder in Pièces füllt. Für den Ausbau in der Pièce eignen sich nur die besten, selbständigen, charakteristischen Pinots Noirs! Bei ihnen kann man mit Recht die Frage stellen: gewinnen sie durch den Fassausbau überhaupt etwas? Weshalb vernünftige Winzer in der Pièce nicht ihre Spitzenweine ausbauen, sondern die nicht ganz so hochwertigen. Auf keinen Fall aber die einfachen Sorten.

Im Elsass beschränkte man sich bis vor kurzem beim Pinot Noir darauf, ihn hellrot zu bereiten, mit recht wenig Gerbstoff. Dadurch entstand ein Wein, der zu nahezu allen Elsässer Gerichten ausgezeichnet mundete, inbegriffen die berühmte Matelote aus Süsswasserfischen von Paul Haeberlin in Illhäusern. Das machte es der noch unerfahrenen jungen Hausfrau in Mulhouse oder Brumath möglich, statt dem Rosé de Provence einen Elsässer Roten aufzustellen. In der Gastronomie war's freilich anders. Da kamen, angelockt von den hohen kulinarischen Leistungen oder der soliden Regionalküche, allerlei Gäste aus der Schweiz, aus Deutschland und aus der France de l'Intérieur zusammen, die von Rotwein eine andere Vorstellung hatten, und die bestellten dann natürlich ihren gewohnten Burgunder oder Beaujolais, Côtes-du-Rhône oder Bordeaux oder auch nur einen Roten vom Var oder aus dem Hérault – und das begann die Elsässer Winzer zu ärgern. Prompt gingen sie hin und machten ihren Pinot Noir zu kräftigerem, dunklerem Wein. Das nahm ihm manchen Charme, aber es verkaufte ihn besser. Heute trinken sogar Elsässer diese neue Art ihres Pinot Noir lieber als die alte.

Der frisch gepresste Most aus Pinot Noir sieht nicht viel anders aus als Most aus weissen Trauben. Damit aus ihm roter Wein wird, muss man die Traubenhäute eine Zeitlang mitgären lassen, wobei ihnen Farbstoff entzogen wird, der

in den werdenen Wein übergeht. Zugleich lösen sich aber auch Gerbstoffe auf und machen den jungen Wein herber. Trennt man jedoch den ausgepressten Traubensaft rasch von den Traubenhäuten und -kernen, so wird beim Vergären ein weisser Wein aus ihm. Das klassische Beispiel dafür sind die Champagner, die – ausgenommen der Blanc de Blancs – aus Pinot Noir und Pinot Meunier bereitet werden. Weisswein aus Pinot Noir ist in unserer Region unüblich; man findet ihn fast nur im italienischen Bereich Oltrepò Pavese.
Sehr bekannt ist jedoch der badische Weissherbst. Er ist ein sehr heller Rosé, der seine Existenz dem Umstand verdankt, dass man einst die roten Trauben so lange am Stock hängen liess, bis sie von Edelfäule angefressen waren und nicht mehr genügend Farbstoffe in den Häuten enthielten, um richtigen Rotwein abzugeben. Man erhielt dann einen rotstichigen Weissen, der jedoch den Geschmack und Geruch des Blauburgunders besass – leider auch unsaubere Aromen von den angefaulten Beeren. Bald macht man aus der Not eine Tugend und stellte aus sauberen Trauben den Weissherbst her, der zu einer badischen Spezialität wurde. Er kommt in allerlei Farbnuancen auf den Markt, von allerzartesten Rosatönen eines Vin Gris über pfirsichfarbene und himbeergetönte bis zu hellroten Sorten. Seine Eigenheiten sind höherer Alkoholgehalt, mehr Körper als Weissweine, durch leichten Gerbstoffgehalt ergänzte Säure, mehr Rasse und der psychische Reiz des Anormalen.
Weissherbst erleichtert dem an Weissweine nicht gewöhnten Gast die Wahl: wenn er ihn bestellt, bekommt er einen Wein, der wie Rotwein schmeckt, aber eher wie Weisswein aussieht. Mitunter bekommt er einen Wein mit dem Duft der Edelfäule, wenn der Winzer aufs Aussondern angefaulter Beeren verzichtet hatte. Nicht selten bekommt der Gast auch einen schon oxydierten Weissherbst vorgesetzt, mit Madeirageschmack also, und wenn er Weinverstand hat, wendet er sich mit Grausen davon ab. Weissherbste sind badische

Weine, die man nur aus besten Kellern beziehen soll! Es lohnt sich, im Gasthaus Weissherbst nur als Flaschenwein zu bestellen. Offene Weissherbste, die zum Teil tatsächlich noch aus dem Fass ausgeschenkt werden, sind selten von guter, frischer Art, wie sie eigentlich sein sollten. Roséweine erzeugt man in unserer Region eher selten. Es gibt sie im schweizerischen Teil, wo sie einen anderen Namen tragen, und zwar einen falschen: Federweisser. Mit Federweiss bezeichnet man einen werdenden Wein in dem Stadium, das auf den «Sauser» folgt – wenn sich bereits Alkohol im süssen Most gebildete hat und die Hefe, die das bewerkstelligte, noch im werdenden Wein schwebt und ihn hellgrau färbt. Dann sieht das Getränk aus wie schlecht geputzte Federn von weissen Hühnern. Daher der Name. Im Markgräflerland ist der Name dieser Stufe dem Weisswein vorbehalten. In der Schweizer Region ist Federweisser jedoch ein fertiger, hellroter Roséwein aus Blauburgunder.
Es kommt vor, dass man Schweizer Pinot Noir-Wein bekommt, der «Œil de Perdrix» heisst. Darunter versteht man einen recht hellen Rosé, der durch ganz leichten Sauerstoffeinfluss – mitunter auch durch Verwendung leicht veränderter Trauben – einen sanften Braunstich aufweist. Rebhühner, heisst es, hätten Augen in dieser Farbe. Ich habe Rebhühner in der Natur bisher immer nur auf der Flucht gesehen, von hinten also, und hinten haben sie keine Augen. Ich kann deshalb nicht sagen, ob der Name zu Recht besteht. Im Elsass heisst die gleiche Art Wein «Pelure d'Oignon», Zwiebelschale, und da ich viel mit Zwiebeln koche, darf ich autoritär feststellen: der Name stimmt.

Muscat ist kein Muskateller!

Es ist eine seltsame Erscheinung beim Menschen: je einfacher sein Gemüt, desto lieber hat er's süss. Am Honig leckt nicht nur gern der Bär, der braune, sondern auch seit Urzeiten die Menschheit, und seit Zucker bekannt ist und immer leichter zugänglich wurde, leckt die Menschheit an ihm. Davon leben die Zahnärzte. Die Freude am Süssen hat natürlich auch Folgen für den Wein. In der Antike war immer wieder begeistert von süssen Weinen die Rede, deren natürlichen Zuckergehalt man mit etwelchen Mitteln erhalten oder heraufgesetzt hatte. Was auch notwendig war, denn die Weine wiesen so viele Fehler auf, dass sie nur ihres Alkohols und ihres Zuckers wegen getrunken wurden, und auch das oft nur in Verdünnung mit Wasser, was den Essiggestank und die Oxydationsgerüche auf ein erträgliches Mass reduzierte.
Einen besonders hohen Ruf unter den Weinen des Mittelalters und der beginnenden Neuzeit hat sich bei uns der Muskateller erworben und erhalten. Er war in seiner süssen Art stets Importwein aus dem Mittelmeergebiet. Muskateller-Reben, heisst es, seien sogar Urväter der anderen europäischen Rebsorten gewesen. Schon der Name deutet auf zwei Eigenschaften der Muskateller-Trauben hin: sie sind so aromatisch und so süss, dass sie Insekten von weither anziehen, darunter auch die Fliege – lateinisch «musca». Zur Zeit von Christi Geburt gab es in Italien die «uva apiana», die Wespen- und die Bienentraube – die gewiss auch eine Muskateller-Rebe war und den Römern, die damals eine recht gewürzte und mastige Küche liebten, trefflich mundete. Noch Ende des 16. Jahrhunderts entstand das berühmte Trinklied, das Johann Fischart zugeschrieben wird, der ja in unserer Region sein Wesen trieb. In ihm heisst's, die liebste Buhle sei dem Dichter eine, die in des Wirtes Keller liegt,

Zu den Elsässer Winzern, die ganz vorzügliche Pinot-Gris-Weine bereiten, gehört Bruno Sorg in Eguisheim. Seine «Tokay d'Alsace», wie der Wein auch genannt wird, verbindet die Vorzüge, die ihm die aussergewöhnlich günstige Lage des Rebstückes mitgibt, mit dem Können Brunos. In seinem alten Anwesen bei der Kirche des Städtleins hat er eine gemütliche Probierstube eingerichtet, in der sich stundenlang an Hand der Beispiele im Glas über Weine diskutieren lässt. Bruno Sorg ist einer der Initianten des Eguisheimer Weinlehrpfades.

ein hölzern Röcklein anhat und Muskateller genannt wird. Der Muscat-Wein, der heute in unserer Region gedeiht, hat mit dem Muskateller von ehedem kaum etwas zu tun. Er ist weder klebrig-süss noch von umwerfendem Muskatduft noch niederschmetternd stark im Alkohol. Der Elsässer Muscat ist vielmehr ein im Alkoholgehalt leichter Wein, nicht stärker als ein süffiger Chasselas bei uns, und von süss kann bei ihm keine Rede mehr sein. Er ist im besten Sinne trocken. Was er behalten hat, ist der Muskatduft, aber er ist auf ein elegantes Mindestmass reduziert, so dass man Muscat auch zu ganz normalen Speisen trinken kann – nicht nur zu Pot-au-feu, der mit Muskatnuss gewürzt wurde.

Das eigentliche Reich des Elsässer Muscat ist jedoch der Aperitif: er besitzt appetitanregende Säure, sein geringer Alkoholgehalt stellt den eben erst angeregten Appetit nicht sofort wieder ab, wie das etwa der Gewürztraminer tut, und der Muskatduft erweckt angenehme Vorahnungen der kommenden Essensgenüsse. Auch als «Vin d'honneur» tut Muscat gute Dienste: er lockert die Zungen bei einem formellen Empfang, aber er dämpft nicht den Verstand.

Muscat-Reben besitzen jedoch eine Eigenschaft, die ihren Anbau in grösseren Mengen verbietet: sie sind sehr empfindlich. Ein Winzer nimmt für einen kleinen Teil seines Rebgeländes das Risiko auf sich, das er mit Muscat eingeht, weil diese Sorte bestes Wetter und viel Sonne benötigt. Aber für einen Anbau in grösserem Masse ist ihm Muscat zu unsicher. Deshalb ist Elsässer Muscat recht selten und nicht gerade billig. Man findet Muscat am meisten im südlichen Elsass, wo die Witterung im Durchschnitt sicherer ist. Dass dort das Aroma etwas geringer ausfällt, spielt beim Muscat keine Rolle – er hat davon eher zu viel als zu wenig, und ein bisschen weniger Duft schadet ihm nicht.

Wenn von Elsässer Muscat die Rede ist, muss gesagt sein: der beste besteht meistens aus zwei verschiedenen Muscatsorten, von denen die eine Muscat

d'Alsace heisst, die andere Muscat Ottonel. Beide haben geringen Ertrag. Der Muscat d'Alsace entspricht den Reben, aus denen in Südfrankreich der «Vin doux naturel» bereitet wird. Der Muscat-Ottonel stammt eigentlich von der Loire, wo um 1850 M. Moreau-Robert die Rebe fand und kultivierte. Er gehört zu den wenigen Rebsorten, die auch ausgezeichnete Esstrauben liefern. Zudem hat er eine zarte Haut vom Typ «Chrachmost», die beim Draufbeissen mit leisem Krachgeräusch aufspringt.
Man darf diese beiden Muscatsorten, die zu den Vins Nobles gehören, nicht mit dem Morio-Muskat verwechseln. Der ist etwas völlig anderes, nämlich eine Kreuzung von Sylvaner mit Pinot Blanc, Weissburgunder. Den Muskatton findet man ja auch bei der Kreuzung von Sylvaner mit Riesling, also beim Müller-Thurgau oder Riesling × Sylvaner. Morio-Muskat ist, im Gegensatz zu den beiden Edelsorten, ein ausgesprochener Massenträger und bringt es unschwer auf zwei Liter pro Quadratmeter, während die edlen Muscats Mühe haben, auch nur einen halben Liter zu produzieren. Bei der Freude an ertragskräftigen Rebsorten, die in Deutschland noch herrscht (und in der Schweiz...), trifft man Morio-Muskat mitunter im Markgräflerland. Man meidet ihn besser, ausser man liebt Massenware.

Lieblingswein des Dichters

Als Oswald von Wolkenstein, der Dichter aus dem Südtirol, vor 575 Jahren in Konstanz am Konzil weilte, hatte er einen grossen Kummer: der Wein vom Bodensee schmeckte ihm nicht. Er war ihm zu sauer. Vermutlich war's ein Elbling, der dort wuchs. Oswald war anderes gewöhnt von zu Hause und dichtete «Oft nach Tramin geht mein Gedank'» – nicht zum lieblichen Städtlein Tramin im Südtirol, sondern zum Wein, der dort wuchs. Ein weisser Wein, gekeltert aus hellrötlich schimmernden Beeren mit dicker Haut, der aus einem dicklichen Most entsteht, welcher fliesst wie Haaröl und auch so duftet: nach Rosen. Der Wein von Tramin war so ziemlich das genaue Gegenteil des Elbling vom Bodensee, eines einfachen, säuerlichen, leichten Zechweines, der nur den Durst stillte. Der Traminer Wein jedoch ist säurearm, kann sehr süss sein, ist unerhört vornehm im Geschmack und stillt den Durst überhaupt nicht.

Schon der Traminer, den Oswald von Wolkenstein kannte, war von dieser Art. Inzwischen wurde eine Spielart dieses Weines so populär, dass der originale Traminer kaum noch eine Rolle spielt. In Tramin schon gar nicht – dort baut man längst rote Weine an, aber man führt noch einen internationalen Wettkampf unter der heute so wichtig gewordenen Sorte durch. Sie heisst: Gewürztraminer. Mit Gewürzen hat sie nichts zu tun. Der Name kommt daher, dass der Wein wie parfümiert duftet und schmeckt – aber Parfumtraminer konnte man ihn nicht gut nennen. Drum Gewürztraminer. Nur gibt es kein einziges Gewürz, an das er auch nur spurenweise erinnert. Sein Duft ist einzig und allein: Rosen.

 Der Gewürztraminer zählt zu den besten Weinen der Welt. Nur schmeckt er keineswegs jedem. Weinfreunde behaupten manchmal, der Riesling sei der König der Weissweine und der Gewürztraminer die Königin. Gewiss, dickliche, penetrant duftende Königinnen hat es sicher gegeben, aber sie zählen nicht zu Königinnen, wie man sie sich gern vorstellt. Es wäre viel gescheiter, man bliebe bei der Realität und würde den Gewürztraminer die Rose unter den Weinen nennen.

Gewürztraminer kennt der Weinfreund bereits beim Einschenken: er fliesst etwas ölig aus der Flasche, sieht golden aus, besitzt nicht selten einen rötlichen Schimmer wie die Haut weisser Pfirsiche. Sein Duft ist unverkennbar, auch wenn es im Elsass Muscat-Weine gibt, die wie Gewürztraminer aus einem weniger guten Jahr riechen. Im Mund ist er voll, körperreich, von zurückhaltender Säure, von hohem Alkoholgehalt. Das Dümmste, was ich je über einen Wein gelesen habe, stand kürzlich in einer Zeitung. Da schrieb ein Journalist von einem «spritzigen Gewürztraminer». Mit zwei Wörtern verriet er, dass er von Wein keine Ahnung hat. «Gewürtz», wie er im Elsass genannt wird, ist alles andere als spritzig. Seine ölige Konsistenz kommt vor allem vom vielen Glycerin her, das sich in ihm bei der Gärung bildet.

Gewürztraminer benötigt viel Kenntnis und Vorsicht bei der Bereitung. Man muss ihn vollreif ernten, aber seine dickhäutigen Beeren ertragen auch längeres Verweilen am Stock, was ihn geeignet für Spätlesen macht. Wenn er von Edelfäule befallen wird, lässt sich aus ihm Trockenbeerenauslese von hohem Restzuckergehalt bereiten. Mostgewichte von 180, ja 200 Öchsle sind dabei keine Seltenheiten. Im Elsass baut man ihn jedoch meistens ohne Restsüsse aus. Damit er besonders viel Aroma bekommt, lässt man im frischgepressten Most oft ein paar Stunden lang die Beerenhäute mitgären, was dem Wein auch gerade noch eine stärkere Goldfarbe gibt. Die Gärung selber muss langsam und bei niedrigen Temperaturen vorsichgehen, damit die Duftstoffe nicht verdunsten oder der Wein gar oxydiert wird. Ich kenne einen Winzer in Eguisheim, Luc Schneider, der während der Gärzeit seines Gewürtz dreimal in der Nacht aufsteht, um die Temperatur zu regulieren und zu verhindern, dass seinem Wein Ungutes geschieht. Besondere Vorsicht muss man mit dem vergorenen Wein walten lassen: auf gar keinen Fall darf bei ihm der «biologische Säureabbau» geschehen, der bakterielle Umbau der Apfelsäure des Weines in Milchsäure. Nicht nur würde der entstehende Molke-Goût den Wein ruinieren – er darf auch keine Spur seiner ohnehin geringen Säure verlieren. Ein Grund mehr wohl, warum in der Schweiz nahezu kein Gewürztraminer angebaut wird. Schweizer Winzer haben ja bis vor ganz kurzer Zeit ausnahmslos in jedem Weisswein die Säure abgebaut, oft bis zum völligen Verlust seiner Frische.

Was am Gewürztraminer überrascht, ist seine Langlebigkeit. In der geschlossenen Flasche überdauert er problemlos zehn, fünfzehn Jahre. Einmal geöffnet, muss man ihn jedoch in wenigen Stunden geniessen, sonst verliert er seinen Duft und nimmt sogar oft einen unangenehm ranzigen Geruch an. Das Problem aber ist, überhaupt eine ganze Flasche Gewürztraminer auszutrinken. Beim ersten Schnüffeln und beim ersten Schluck begeistert er den Weinfreund. Nach dem zweiten Schluck jedoch, spätestens nach dem dritten, stellt es einem die Lust ab. Gewürtz sättigt mehr als irgendein anderer normaler Weisswein. Im Elsass schenkt man ihn gern zu einem kräftigen duftenden Münsterkäse ein, der des Weines Wucht überdeckt. Man reicht ihn auch zu Hefegugelhopf oder nach dem Dessert, beidemal in kleinen Mengen. Die Sitte, Gewürztraminer zu Foie Gras, zu Gänseleber, zu servieren, ist jedoch geradezu barbarisch. Zweimal mastig ist zuviel des Guten...

Erstaunlich ist auch, dass im Elsass Gewürztraminer auf mehr als einem Fünftel der Rebfläche angebaut wird, vor allem in den südlichsten Gebieten zwi-

schen Colmar und Guebwiller. Das Staunen nimmt jedoch ab, wenn man sich vergegenwärtigt, dass der Ertrag der Reben sehr klein ist, rund ein halber Liter Wein pro Quadratmeter im besten Fall. Da aber der vollaromatische Gewürztraminer eine ausschliesslich dem Elsass zugehörende Spezialität ist und weltweiten Ruf geniesst, gibt es kaum Absatzschwierigkeiten.
Gewiss, es sei zugegeben: Gewürztraminer wächst auch anderswo. Sogar schon jenseits des Rheins in Südbaden. Zwischen den Weinen von links und rechts des Rheins bestehen jedoch unerhörte Unterschiede. Der badische Gewürztraminer ist leichter, besitzt weniger Duft und längst nicht soviel Goût wie der Elsässer, ist meistens auch weniger körperreich und stammt zudem von Varianten der Reben, die viel grösseren Ertrag hervorbringen. Wenn man beide Provenienzen nebeneinander degustiert, kommt man aus dem Staunen nicht heraus: das soll Wein von der gleichen Rebsorte sein?

Schoppenweine gegen den Durst

Bitte nehmen Sie's nicht übel, wenn ich Wein als Getränk zum Durstlöschen nenne. Die Zeiten sind vorbei, wo man das ungestraft tun konnte. Früher nämlich waren viele Weine so alkoholarm gemacht, dass man sie tatsächlich stundenlang ohne unmittelbare Komplikationen trinken konnte. Seit aber auch die einfachen Weine wesentlich stärkere Alkoholgrade aufweisen, löscht man den Durst mit Mineralwasser oder mit dem Wein-Wasser-Gemisch, das in der Schweiz «Gespritzter» heisst und im Badischen «Schorle».

Dennoch gibt es beidseits des Rheins Weine, die keinen hohen Anspruch erheben und unter dem Namen «Schoppenweine» fungieren. Im Markgräflerland sind das die Fassweine. Im Elsass ist's der Edelzwicker.

Im Markgräflerland, wo viele Winzer selber eine Wirtschaft führen oder mit einem Wirt eng zusammenarbeiten, wird viel Wein tatsächlich noch aus dem Fass ausgeschenkt. Der Hermann Huck in Efringen-Kirchen geht in seinem «Rebstock» mit einem Krug in den Keller und lässt durch den Fasshahnen Wein in ihn laufen, den er erst am Tisch in Gläser umschenkt. Auch andere Wirte tun das. Damit Fasswein seine Güte bewahrt, muss entweder in kurzer Zeit das ganze Fass geleert sein, oder man muss jeweils die entnommene Weinmenge aus einem anderen Fass nachfüllen. Beides bringt Probleme.

Wein, der im Fass mit Luft in Berührung kommt, schon gar der leichte Fasswein, verliert sehr rasch seinen guten Duft und bekommt einen Luftgeschmack, der sich bis zu einem Madeira-Ton steigern kann. Früher störte das keinen Menschen. Noch vor zehn Jahren war es in Italien üblich, madeirisierten Wein als etwas Normales anzusehen, und im Badischen war es früher nicht viel anders. Im Markgräflerland meisterte man das Problem, indem man die Fassweine besonders stark schwefelte und dadurch länger haltbar machte. Das ist inzwischen zum Glück aus der Mode gekommen, beziehungsweise verboten worden. Ich habe schon manchmal den Verdacht gehabt, dass Wirte im Badischen zwar mit dem Weinkrug in den Keller gehen – aber dort füllen sie ihn aus Literflaschen, in denen sich der «Fasswein» viel besser konserviert...

Unter der Bezeichnung «Fasswein» verkauft natürlich kein Wirt seine besten Qualitäten. Die füllt er in Flaschen und verlangt angemessene Preise für sie. Als «Fasswein» hingegen schenkt er einfachere Weine aus, meistens Gutedel aus weniger begünstigten Lagen, oft gemischt mit Müller-Thurgau oder anderen Weissen, die nicht selbständig genug sind, um unter ihrem Sortennamen verkauft zu werden. Da jemand, der Fasswein bestellt, ja keinen hohen Weingenuss erwartet, sondern ein Viertele als Begleitung zu einem rustikalen Essen oder zu einem Gespräch mit dem Tischnachbarn trinken möchte, spielt das keine Rolle. Fasswein ist einfach ein Wein zum unbekümmerten Trinken. Einst ein Durstlöscher oder ein Zechwein – aber das darf man schon gar nicht mehr schreiben...

Im Elsass ist die Sache anders. Da gibt es keine Fassweine. Kein Elsässer Wein darf anders exportiert werden als in der Flasche, und einen Elsässer Wirt, der Wein aus dem Fass ausschenkt, habe ich auch noch nicht kennengelernt. Selbst die einfachsten Weine kommen in die Flasche. Auf dem gesetzlich vorgeschriebenen Anschlag in der Wirtschaft oder der Winstub stehen sie unter der Bezeichnung «Edelzwicker». Das Wort bedeutet: es sind Weine, die aus verschiedenen Traubensorten gekeltert oder aus Weinen verschiedener Sorten gemischt wurden. Bitte vermeiden Sie das Wort «gemischt» im Elsass – man nennt das dort «assembliert».

Edelzwicker muss Edelsorten enthalten, worunter man im Elsass Riesling,

Muscat, Tokay und Gewürztraminer versteht. Es gibt in den meisten Weinbergen kleinere Lagen, deren Weine nicht zu den Spitzen gehören. Aus ihnen macht man den Edelzwicker. Nicht nur aus ihnen – es kommen auch die nicht edlen Sorten hinein, was im Elsass der Sylvaner ist und der Gutedel, der so gering geachtet wird, dass man ihn kaum jemals unter seinem eigenen Sortennamen findet. Elsässer Gutedel ist unter dieser Bezeichnung nur in Deutschland zu haben. Im Elsass kommt er anonym in den Edelzwicker. Früher gab's noch den gewöhnlichen Zwicker, der keine Edelsorten zu enthalten brauchte, aber der ist verschwunden, seit der Tourismus das Elsass entdeckt hat. Welcher Tourist möchte Zwicker bestellen, wenn er für kaum mehr Geld Edelzwicker bekommen kann?

Auch wenn die Edelzwicker nicht zu den edelsten Weinen gehören – sie sind, dank ihrer Lagerung in Flaschen, fast immer saubere Weine. Und: sie sind interessante Studienobjekte. Jeder Winzer macht sie anders als alle anderen, und jedes Jahr ändert er, je nach dem Ergebnis der Ernte, die Zusammensetzung. Da es im Elsass weit über 9000 Winzer gibt, geht einem das Material für intensive Studien der Edelzwicker nicht leicht aus…

Wenn's im Glase schäumt...

Aus jedem Wein, ganz gleich welcher Traubensorte er entstammt, lässt sich schäumender Wein bereiten. Das Verfahren ist einfach: man setzt dem fertigen Wein eine angemessene Menge in Wein gelösten Kandiszucker zu, ebenfalls eine passende Portion Hefe, füllt ihn in ein abgeschlossenes Gefäss und lässt die Sache gären. Nach einiger Zeit ist der Zucker zu Alkohol umgewandelt, die entstandene Kohlensäure hat sich im Wein gelöst, und die Hefe hat sich abgesetzt. Fertig ist der schäumende Wein – wenigstens im Prinzip. Die Praxis ist wesentlich komplizierter. Es kommt da auf zahlreiche Details an, und in jedem einzelnen Detail steckt bekanntlich ein Teufel. Über die Details der Schaumweine müsste ich viele Seiten füllen. Ich verzichte auf diese Teufeleien und beschränke mich aufs Allerwesentlichste.

Im Gegensatz zur Champagne, wo man die Schaumweine aus nur drei Weinarten macht: aus weissem Chardonnay und aus weissgekelterten Weinen der Sorten Pinot Noir und Pinot Meunier – bereitet man in unserer Region die Schaumweine nahezu ausnahmslos aus weissen Weinen.

Man verwendet Gutedel oder Müller-Thurgau, Riesling oder Pinot Blanc, Sylvaner oder Nobling, meistens sogar untereinander gemischt oder mit Anteilen von Muscat, Gewürztraminer, Elbling, Räuschling, Chardonnay, Auxerrois, Tokay und anderen landesüblichen Gewächsen. Nicht selten verwendet man auch Weine aus entfernteren Gegenden: von der Loire, aus dem Wallis, aus nicht näher bezeichneten Gebieten der Europäischen Gemeinschaft, ja sogar aus Übersee.

Die meisten Weine, die man zum Schäumen bringt, bestehen nicht aus einer einzigen Sorte, – Riesling und Elbling ausgenommen –, sondern aus Weinge-

mischen. Das Wort «Gemisch» darf man aber bei keinem Produzenten aussprechen – man muss sagen «Cuvée» oder «Assemblage». Das Vermischen – pardon: assemblieren – findet nicht statt, um die Konsumenten zu übertölpeln, sondern weil es fast immer mehr als eine einzige Sorte Wein braucht, um dem Schaumwein die beabsichtigte Rundung und Vollkommenheit zu geben. Eine einzige Sorte reicht hierzulande nur bei Pinot Blanc-, bei Riesling- oder Elbling-Sekt aus.
Hier gleich ein ernstes Wort zur Benennung von schäumenden Weinen! Weil der allerbekannteste und (mindestens nach Meinung seiner Produzenten) auch allerbeste Schaumwein aus der Champagne kommt und daher «Champagner» heisst, meinen viele Leute, jeder schäumende Wein dürfe Champagner genannt werden. Dem ist keineswegs so. Mit «Champagner» darf nur ein Wein bezeichnet werden, der nach ganz strengen und sehr hart kontrollierten Vorschriften in der Champagne hergestellt worden ist. Jeder andere schäumende Wein darf nur Schaumwein heissen – je nach Herkunft jedoch auch anders. In Frankreich lautet der allgemeine Name «Mousseux», in Deutschland «Sekt», in der Schweiz sind beide Namen üblich. Im Elsass jedoch heisst schäumender Wein «Crémant». So hiess früher auch ein echter Champagner mit etwas weniger Kohlensäure – aber dort ist dieser Name verschwunden.
Elsässer «Crémant» unterliegt ebenfalls strengen gesetzlichen Vorschriften. Er darf nur aus den Rebsorten Riesling, Pinot Blanc, Chardonnay, Pinot Gris und Auxerrois bereitet sein, allein oder in Mischung – pardon: «Cuvée». Aus 150 Kilo Trauben dürfen für Crémant-Produktion nur 100 Liter Most gepresst werden. Der Most wird nach traditionellen Verfahren zu Wein vergoren und dann in den Flaschen, in denen er später in den Handel kommt, einer zweiten Gärung unterzogen – genau nach dem selben Verfahren wie der Champagner.
 In ihnen muss er mindestens neun Monate gären und reifen, bevor man die

Zu den grossen Schweizer Weinfachleuten gehört Kurt Nussbaumer, Winzer und Experte in der Vorderen Klus bei Aesch. Er wird immer wieder beigezogen, wenn in der Schweiz Neues auf dem Gebiet des Rebbaus und der Weinbereitung geschehen soll. Seine eigenen Weine kann man im «Restaurant Nussbaumer» gerade neben den Rebhängen geniessen, wo seine Frau Josy eine berühmte kreative Küche macht. Besonderer Stolz von Kurt Nussbaumer: sein Schaumwein «Chrachmost». Er trägt den Namen der alten Gutedelsorte Chrachmost, die Grundwein für die ersten paar tausend Flaschen des «Crémant» aus der Aescher Klus lieferte.

Hefe aus den Flaschen entfernt («Degorgieren» nennt man das) und die Flaschen verkaufsfertig ausstattet: mit dem berühmten pilzförmigen Korken, dem Drahtkörblein samt Überzug und der Etikette. Der Kohlensäuredruck im Crémant muss mindestens 4 Atmosphären betragen – gleich wie beim Champagner. Dass die Grundweine für die Crémant-Herstellung aus dem Elsass stammten, versteht sich eigentlich von selber.
Beim Sekt ist es anders. Er kann mit dem Verfahren der Flaschengärung produziert werden, aber er muss es nicht. Man kann nämlich die zweite Gärung, die Kohlensäure im Wein erzeugt, auch in grossen Tanks durchführen und erst den bereits moussierenden Wein in Flaschen füllen. Diese Methode heisst Tankgärung oder «Methode Charmat» und wird bei vielen deutschen Sekten angewandt. Sie kommt natürlich viel billiger, und manche behaupten, nach diesem Verfahren hergestellte Sekte seien fruchtiger und frischer im Geschmack.
In den letzten Jahren ist es in allen drei Ländern unserer Region üblich geworden, dass nicht nur grosse Firmen, sondern auch kleine Winzer und mittlere Betriebe eigene Schaumweine herstellen. Was ja in typischen Weissweingebieten auch kein Wunder ist. Für kleine Winzer ist das Verfahren der Flaschengärung besonders geeignet, da es keine aufwendigen Apparaturen benötigt – aber viel Handarbeit erfordert, die der Winzer ohnehin zu leisten gewöhnt ist. Es gibt aber auch Betriebe, die in Lohnarbeit für Winzer Schaumweine herstellen. Das lässt sich recht gut einrichten, da man ja die Arbeit auf Zeiten verteilen kann, in denen weniger Leistung im Rebberg und/oder im Weinkeller erbracht werden muss.
Für die Erzeugung von Schaumweinen eignen sich vor allem Grundweine mit reichlich Säure, frischem Duft und Geschmack, nicht zu viel Alkoholgehalt und höchstens mittlerem Körper. Ein Gewürztraminer oder ein vollreif geern-

teter Pinot Gris als Schaumwein wäre ein Unding. Der Reiz eines Schaumweines liegt gerade darin, dass er leicht, süffig, elegant, geschmeidig ist. Das macht Riesling und Elbling zu bestens geeigneten Sektweinen. Vor zwei Jahren ist im Baselland etwas Neues hinzugekommen. Der unternehmungslustige und erfahrene Winzer Kurt Nussbaumer hat eine alte, kaum noch angepflanzte Rebsorte auf einem Gelände entdeckt, das er übernommen hatte: den Chrachmost. Wir haben ihn schon kennengelernt im Kapitel über den Gutedel. Chrachmost zeichnet sich durch mehr Säure und frischeres Aroma gegenüber seinem Bruder Gutedel (bzw. Chasselas) aus und ist ein vorzüglicher Grundwein für Schaumwein, aber man muss ihm noch einen Anteil eines anderen Weines beigeben, der etwas mehr Körper besitzt. Das hat Kurt Nussbaumer getan und seinem mit Flaschengärung erzeugten Sekt den Namen der Traubensorte gegeben: Chrachmost. Er wurde in kurzer Zeit ein grosser Erfolg, und mit seinen höchst modernen Anlagen bereitet Kurt Nussbaumer nun auch für die Hobbywinzer der Region schäumende Weine aus ihrer Produktion zu. Wir haben also im schweizerischen Teil der Grenzecke Aussichten, einheimische Weissweine in schäumender Form geniessen zu können. Das Wort «Chrachmost» hat eine Reihe von eher banausischen Schaumweinkonsumenten etwas durcheinandergebracht. Sie nannten schon seit Jahren den richtigen Champagner in humorvoller Art «Chlöpfmoscht». Sie bewiesen damit, dass sie keine grosse Achtung vor der vielen Arbeit und Sorgfalt hatten, die im Champagner stecken, und vor dessen hohen Preisen auch nicht. Der Champagner scheint ja sowieso den Volksmund dazu aufzustacheln, ihm neckische Namen zu geben. In Deutschland nennt man ihn «Schampus», in der Schweiz heisst er «Schämpis», manche Leute bezeichnen ihn mit «Sprudel» oder «Pfusiwein». In Frankreich ist man etwas zurückhaltender. Nicht einmal den Champagner der Firma Perrier habe ich bisher – in

Anlehnung an den Slogan des gleichnamigen Mineralwassers – bezeichnet gehört mit «Le Vin qui fait Pschitttt»...
Im Gegensatz zu Italien, wo es eine Reihe von «Spumanti» aus Rotweinen gibt, habe ich bisher in unserer Region noch keinen roten Schaumwein kennengelernt. Hingegen gibt es im Elsass rosa Crémant. Er muss nach Vorschrift aus Pinot Noir hergestellt sein, der nur kurze Zeit mit den Traubenhäuten vergoren wurde und dadurch nicht viel Farbe annahm. Ich vermute, dass es im Markgräflerland auch Rosé-Sekt gibt, aber ich habe ihn noch nicht kennengelernt. Man könnte sich vorstellen, dass er nicht nur aus Blauburgunder-Trauben hergestellt wird, sondern aus Weisswein, der mit etwas Blauburgunder-Rotwein angefärbt wurde. In der Champagne ist dieses Verfahren bei einigen Firmen erfolgreich im Gebrauch.
Wer im Markgräflerland Sekt trinken will, der aus dortigen Weinen gemacht wurde, hat auf die Etikette zu achten. Auf ihr muss nicht nur «Deutscher Sekt» stehen, sondern auch die Angabe «Bereich Markgräflerland». Dann stammen mindestens 85 Prozent des Grundweines aus dieser Gegend. Bei Schweizer Schaumwein genügt es, dass auf der Etikette ein Produzent aus unserer Nachbarschaft aufgeführt ist. Vorderhand sind alle unsere Schaumwein-Winzer noch stolz darauf, eigene Weine in schäumender Veredelung anzubieten...

Ein Wort zum Schluss

Nirgendwo sonst auf der Welt hat der Weinfreund die Gelegenheit, in engstem Umkreis so viele Weine – vorwiegend weisse – von hoher Qualität kennenzulernen und zu geniessen. Unser Dreyeckland ist tatsächlich ein Paradies für Leute, denen Wein nicht nur ein idealer Begleiter zum Essen und ein geselliges Getränk ist, sondern ein besonderer Saft, der zum Forschen, zum Nachdenken, zum Diskutieren anregt.

Diskutieren, finde ich, gehört zum Weingenuss. Jeder der vielen tausend Weine, die in der Region Oberrhein in allen drei Staaten wachsen, hat seine Eigenheiten und unterscheidet sich von allen anderen. Man findet sie am besten heraus, wenn man sich mit anderen Weinfreunden unterhält. Weingenuss beruht ja zu einem wesentlichen Teil auf Erfahrungen, die man weitergeben, aber auch von anderen Weinfreunden annehmen soll. Im Gespräch mit erfahrenen Weingeniessern lernt man und erweitert man seinen Horizont. Wein ist eine unerhört vielfältige Materie. Man lernt beim Wein nie aus – ja, man kann nicht einmal in einer engen Region auch nur annähernd so viel Wissen erarbeiten, dass man von sich sagen kann «Jetzt weiss ich einigermassen Bescheid!».

Man steht immer wieder vor Neuem, vor Überraschungen, vor Entdeckungen, vor Problemen, wenn man sich ernsthaft mit Wein befasst. Man muss jedoch die Grundlagen kennen. Gar zu leicht gerät man, wenn man bei ihnen nicht sattelfest ist, ins Schwätzen und ins Blödeln. Zumal wenn man dabei zu viel Wein trinkt, der die Zunge lockert und den Verstand langsam, aber sicher in den Schlaf wiegt. Richtige Kenner trinken nicht zuviel Wein. Sie bescheiden sich bei Weingesprächen auf sehr wenig. Sie haben unter anderem die

Gewohnheit, beim Degustieren ein paar sehr kleine Schlücke Wein zu nehmen, sie in allen Eigenschaften zu erfassen, wozu auch gehört, dass man sie hinunterschluckt, so dass man den Retrogoût der Weine spürt – und dann giessen sie den Rest des Glases weg. Nicht in die Kehle, sondern in einen Krug, der zu diesem Zweck auf dem Tisch steht. Bei Weinkennern ist es durchaus üblich, das sie zehn, fünfzehn Weine degustieren und diskutieren, und wenn man dann nachrechnet, was sie wirklich von diesen Weinen getrunken haben, kommt nicht einmal ein Zweierli (badisch: ein Viertele, elsässisch: ein Schoppen) heraus. Meistens sogar nur ein Einerli. Echte Weinfreunde sind daher, schon aus diesem Grund, nicht unbedingt das, was sich geschäftstüchtige Wirte und Händler ersehnen, denen es um Umsatz geht.

Das Buch, das vor Ihnen liegt, möchte die Grundlagen für die Kenntnisse der Weine im Dreyeckland am Oberhein vermitteln. Kenntnisse, die dazu dienen, Freude am Wein zu erhöhen, Verständnis für die Besonderheiten dieser Weine zu wecken und zu fördern, und Kritik oder Lob anzuregen. Es möchte mithelfen, die einmalige Gunst des Schicksals und der Natur bewusst werden zu lassen, die das Weinparadies am Oberrhein schuf. Es möchte aber auch die Achtung vor den Menschen fördern, die seit Jahrtausenden in unseren Landen den Anbau und die Pflege der Reben, die nie endende Arbeit im Rebberg und im Keller, die häufige Sorge um das Wetter, den Kampf gegen Schädlinge und gegen die oft niederschmetternden Einflüsse von Politik und Wirtschaft auf sich genommen haben, um Weine zu produzieren. Wer Wein anbaut, macht sich's nicht leicht; auch heute nicht. Zu all' den Schwierigkeiten, die es zu überwinden gilt, gehören auch die Aktivitäten jener Personen und Gruppierungen, die im Wein nichts Besseres sehen als Ware, die man mit gleichen Mitteln fabrizieren und vermarkten kann wie Waschmittel oder modische Konfektion. Sie werden in Weinlehrbüchern nicht unter den Schädlingen aufgeführt, aber sie schaden dem Wein mehr als echter Mehltau und Rebläuse zusammen. Zu den Weinschädlingen gehören aber auch jene, die ihn gedankenlos trinken, oder ihn nur wegen seines Gehaltes an Alkohol konsumieren. Wein ist eine der schönsten und kostbarsten Gaben der Natur und sollte nicht profaniert werden... *Hanns U. Christen*

Bücher für den Weinfreund

Über Weine gibt es mehr Bücher als über alle anderern Genussmittel zusammen. Viele sind reines Blabla. Sehr, sehr viel sind mehr oder weniger schleichende Werbung für bestimmte Gebiete, Lagen, Weinsorten oder Produzenten. Einige, sogar solche von bekannten Namen, sind geradezu irreführend und fehlerhaft. Ein paar wenige sind kritisch und aus Erfahrung heraus geschrieben, stammen von zuverlässigen Autoren und sind für den Weinfreund in der Praxis brauchbar. Aus der letzten Kategorie habe ich einige ausgesucht, die ich dem Weinfreund empfehlen kann. Zu haben sind sie in Buchhandlungen der Region.

Weinbuch. W. Eggenberger und E. Peyer. Fachverlag des Schweizer Wirteverbandes, Zürich. Von zwei erfahrenen Lehrern der Ingenieurschule Wädenswil für Obst-, Wein- und Gartenbau geschriebene allgemeine Einführung in Weinkunde. Die fürs Schweizer Gastgewerbe wichtigen Weine sind ausführlich behandelt, die Weine aus dem Elsass und Südbaden kurz erwähnt. Gute allgemeine Information vor allem technischer Art.

Schweizer Rebbau, Schweizer Wein. Herausgegeben von Niklaus Flüeler. Ex Libris Verlag, Zürich. Grossformatiges, sehr gut farbig bebildertes Werk von über 300 Seiten, mit ausführlichen historischen und önologischen Kapiteln und Beschreibungen der Schweizer Weingegenden. Unserer Region sind vier Seiten gewidmet. Ergänzt durch Karten und praktische Ratschläge für den Weingenuss.

Schweizer Weinatlas. Herausgegeben von Hansrudolf Schwabe. Pharos-Verlag Basel. Von Fachleuten geschrieben, durch Karten 1:50000 ergänzte Beschreibungen der Lagen und Weine aller Schweizer Kantone. Die ersten 75 der insgesamt über 200 Seiten gelten allgemeinen Informationen speziell über und für Schweizer Weine. Das Standardwerk des Schweizer Weinfreundes.

Das Jahr des Weinbauern. Jost Auf der Maur. Fotografiert von Hannes-Dirk Flury. Buchverlag der Basler Zeitung. Journalistisch geschriebene Reportage über die Arbeiten zweier bekannter Fricktaler Weinmacher in den Reben und im Keller, mit instruktiven Bildern.

Wein in Riehen – Wein in Basel. Dominik Wunderlin. Herausgegeben von der Gemeinde Riehen. Erhältlich im Spielzeug- und Dorfmuseum Riehen. Hervorragend erarbeitete und geschriebene, zuverlässige Monographie über alles, was in Riehen und der Region mit Weinen zu tun hat. Sehr guter historischer Teil. Gehört zu den Büchern, die jeder Weinfreund braucht.

Baselbieter Trüübel. Josy Nussbaumer, Ernst Schläpfer und weitere Mitarbeiter. GS-Verlag, Basel. Ein handliches, gut gemachtes und illustriertes Buch über Kulturelles, Historisches und Kulinarisches aus dem Baselbiet, mit Rezepten aus Josy Nussbaumers berühmter Küche. Für Weinfreunde besonders interessant sind ausführliche Kapitel über die Weine des Kantons Baselland. Einige der bedeutendsten Winzer – Andreas Koellreuter, Werner Kilcher, Heinz Müller, Albert Buess, die Familie Löw und der Riechemer Jakob Kurz – sind im Bild zu sehen und biographisch wie önologisch geschildert. Das Buch ist geradezu eine Ergänzung zu unserem «Weinparadies Oberrhein».

Baden – Küche, Land und Leute. Martina Meuth und Bernd Neuner-Duttenhofer. Verlag Droemer Knaur, München. Ein grossformatiges, wunderschön farbig bebildertes, vorbildliches Buch über Landschaft und Kultur, Essen und Trinken in Baden. Viele Berichte über Weingüter und Weinmacher, Spezialitäten und Gaststätten, dazu 150 Rezepte. Dem Markgräflerland und dem nahen Schwarzwald sind über ein Viertel der 250 Seiten gewidmet. Das Buch ist mit Liebe und Verständnis gemacht.

Baden. Gesamtwerk deutscher Wein. Verlag Heinen, Trittenheim. Buch von 260 Seiten im Atlasformat, reich farbig bebildert, mit 22 Seiten topographischer Karten (mit der Lupe lesbar), vielen historisch und önologisch kuriosen Dokumenten. Alle Weinbaugemeinden von Beckstein (Franken) bis Hagnau (Bodensee) sind einzeln kurz geschildert. Das Markgräflerland kommt auf 22 Seiten vor, ein paar Rezepte sind eingestreut. Alle Genossenschaften sind geschildert; selbständige Winzer wurden weggelassen.

Alemannisch angerichtet. Franz Keller. Seewald Verlag Stuttgart. Das beste Buch über eine kulinarisch wertvolle Region, das ich je gelesen habe. Enthält alles, was auch die Markgräfler Kochkunst und Gastlichkeit angeht, dazu neun Kapitel über die angriffige Weinphilosophie des Winzers und Wirts Franz Keller vom Kaiserstuhl. Pflichtlektüre angenehmster Art für jene, die das Markgräflerland geniessen möchten.

Freiburg, Markgräflerland, Südwestschwarzwald. Wolfgang Abel. Oase Verlag, Badenweiler. Ein Führer in Taschenformat, 188 Seiten stark, der sich sehr kritisch mit Essen und Trinken in der badischen Gastronomie auseinandersetzt – und Namen nennt. Wer ihn liest, vermeidet Reinfälle, lernt sehr viel

Gutes und Schönes kennen und wundert sich über den ungewöhnlichen Mut zur Wahrheit und zur eigenen Meinung des Verfassers. Leider zeigt das Titelbild just die Art von Gläsern, aus denen man Weissweine auf gar keinen Fall trinken sollte…

Straussen-Führer. Klaus Fünner, D–78 Freiburg im Breisgau, Gottenheimer Strasse 8c. Ein Heft im Taschenformat, das auf acht Druckseiten alle Strausswirtschaften Südbadens enthält, von Gottenheim am Tuniberg bei Freiburg bis nach Tüllingen bei Lörrach. Bei jeder «Straussi» stehen Monate, Tage und Stunden, an denen sie geöffnet ist, sowie die Spezialität, die zum Essen serviert wird. Es gibt in jeder «Straussi» aber noch weitere Kleinigkeiten zum Essen, fast alle hausgemacht und würzig, und sehr oft selbergebackenes Brot. Leider fehlen die Namen der Winzer, die sie betreiben.

Guide des Vins d'Alsace. Guy Renvoise. Solarama Edition, ohne Ort. Preiswertes Taschenbuch mit knapp gefassten Einführungen in die Geographie, Geschichte, Önologie, Traubensorten, Wirtschaft, Weinbereitung und Grands Crus des Elsass. Beigegeben sind Kurzbeschreibungen von Ortschaften, kulinarische Ratschläge, Adressen einiger Winzer und Restaurants sowie nützliche Daten anderer Art. Ein kleines Kompendium, französisch geschrieben.

Alsace: Clos et Grands Crus. Bernadette Burn, Gilles Schmidt. Photographien von Richard Decker. Edition Jacques Legrand, Paris. Gut geschriebene Monographie über Elsässer Weine im allgemeinen, bei jeder Traubensorte ein passendes Rezept eines der Spitzenköche, sehr schöne Farbbilder. 14 Weingüter sind ausführlicher besprochen. Auf 60 Seiten sind die Grands Crus geschildert; die jeweils wichtigsten Produzenten samt ihren Etiketten werden mit genauen Zahlenangaben geschildert. Eine Jahrgangsliste beginnt Anno Domini 765! Sehr gutes, französisch geschriebenes Buch aus einer grösseren Serie über französische Weinlagen und -orte.

Le Guide des Grands Crus d'Alsace. Edition Centre d'Information du Vin d'Alsace, Colmar. Ausgezeichnetes Taschenbuch über die einzelnen Grands Crus, von Norden nach Süden geordnet, mit Übersichtsplan, Karten und Ansichten der Lagen, önologischen Angaben und Wichtigem in Kürze. Ein Beispiel für solide, neutrale, brauchbare Information. Französischer, leicht lesbarer Text ohne Nennung von Produzenten, die am Ort ja leicht zu erfragen sind.

Die grossen Weine: Elsass, Loire, Champagne. Hubrecht Duijker. Albert Müller Verlag, Rüschlikon. Das Werk, Bestandteile einer Reihe über Frankreichs Weine, widmet dem Elsass 66 seiner 200 Seiten, mit vielen farbigen und schwarzweissen Bildern. Einführende Seiten über Geschichte, Weinbau, Traubensorten, Getränke und Gastronomie geben den Hintergrund. Die Weinorte sind von Norden nach Süden geordnet, ausgiebig geschildert, bei jedem mit Betrieben guter Winzer, aber es fehlen einige. Berühmtere Produzenten sind im Bild gezeigt, von den meisten Weinen sieht man die Etiketten. Die Auswahl scheint mir nicht nur nach önologischen Prinzipien vorgenommen und ist deshalb mit einiger Vorsicht zu geniessen...

Inhaltsverzeichnis

Hanns U. Christen – bekannt auch unter seinem Kürzel «-sten» – ist seit vielen Jahren ständiger Mitarbeiter der «Basler Zeitung» und ihrer Vorgängerin, der «National-Zeitung». Er arbeitet ebenfalls für zahlreiche Schweizer Zeitschriften und Zeitungen, inbegriffen der «Nebelspalter», und für Radio DRS. Seit 20 Jahren leitet er in Basel regelmässige Weinseminarien, an denen bereits über 10 000 Weinfreunde teilnahmen. Als Weinjournalist reist er oft zu Produzenten in den wichtigsten Ländern, deren Weine und Methoden er kritisch und unabhängig bespricht. Als Berater in kulinarischen und oenologischen Fragen wirkt er in der Schweiz und in anderen Weinländern. Zu seinen Arbeitsgebieten gehören neben Weinkunde auch allgemein Kulinarisches sowie die Kulturgeschichte von Tisch, Küche und Keller. Er betreut die Wochenkolumne «Essen und Trinken» im «Baslerstab» und ist Verfasser zahlreicher erfolgreicher Kochbücher. Seinen Publikationen ist es weitgehend zu verdanken, dass die «süssliche Verfälschung» der Weine in Südbaden durch Zugabe von süssem Traubensaft weitgehend zurückgegangen ist. Er ist Mitgründer der sehr elitären «Oenosophischen Gesellschaft Probus».

Buchverlag Basler Zeitung
Satz und Druck: Basler Zeitung, 4002 Basel
Printed in Switzerland
ISBN 3-85815-208-0